湖南省大学生就业创业指导特色教材

医学专科生
职业发展规划与就业指导

（供医药卫生类各专业使用）

主　编　唐元兢　汪慧英

主　审　刘高华

副主编　张　凡　徐向阳

编　者　（以姓氏笔画为序）

李佩凤（益阳医学高等专科学校）

汪慧英（益阳医学高等专科学校）

张　凡（益阳医学高等专科学校）

徐向阳［重药控股（湖南）医疗健康产业有限公司］

唐元兢（益阳医学高等专科学校）

蒋　芬［重药控股（湖南）医疗健康产业有限公司］

中国健康传媒集团
中国医药科技出版社

内 容 提 要

本教材是"湖南省大学生就业创业指导特色教材"之一，结合专业培养目标和本课程的教学目标、内容与任务要求编写而成。全书共七章。包括：医学生自我认知、医学生职业素养、医学生就业形势、医学生职业与发展规划、医学生就业准备、医学生就业权益保护、医学生职业角色转变等，具有针对性强、贴合实际、内容多元化的特点。

本教材可供高职高专院校医药卫生类各专业师生使用。

图书在版编目（CIP）数据

医学专科生职业发展规划与就业指导/唐元兢，汪慧英主编.—北京：中国医药科技出版社，2020.9
（2024.8 重印）

湖南省大学生就业创业指导特色教材

ISBN 978-7-5214-2000-5

Ⅰ.①医… Ⅱ.①唐… ②汪… Ⅲ.①医学院校-大学生-职业选择-教材
Ⅳ.①G647.38

中国版本图书馆CIP数据核字(2020)第167613号

美术编辑 陈君杞
版式设计 友全图文

出版 **中国健康传媒集团** | 中国医药科技出版社
地址 北京市海淀区文慧园北路甲22号
邮编 100082
电话 发行：010-62227427 邮购：010-62236938
网址 www.cmstp.com
规格 787×1092 mm $\frac{1}{8}$
印张 8
字数 160千字
版次 2020年9月第1版
印次 2024年8月第3次印刷
印刷 北京京华铭诚工贸有限公司
经销 全国各地新华书店
书号 ISBN 978-7-5214-2000-5
定价 **29.00元**

获取新书信息、投稿、为图书纠错，请扫码联系我们。

前言

QIANYAN

2022年5月16日，全国普通高等学校毕业生就业创业工作电视电话会议指出："落实引导毕业生到基层就业的优惠政策，组织好各类升学、职业资格考试招录工作。"会议还强调，要帮助大学生树立正确的就业观、择业观，对低收入家庭和受疫情影响严重地区毕业生开展精准帮扶。

当前，医学及相关专业专科毕业生的就业形势呈现出许多新的变化。一是供求矛盾依然突出，一方面许多医学专科毕业生找工作困难；另一方面许多基层医疗卫生单位招不到需要的人才。二是就业环境快速变化，一些医疗卫生单位过度关注毕业生的现有学历。三是就业竞争日趋激烈，申办医学类专业的职业院校不断增加，加上连年扩招，医学类毕业生总量逐年增加，就业形势一年比一年严峻。特别是专科毕业生去大、中城市的空间受到本科生、研究生的挤压，机会越来越少，难度越来越大。四是就业观念亟待转变，很多专科生不愿意去县级以下和规模较小的医疗机构，想挤进大中城市。

新型冠状肺炎疫情为人类健康敲响了警钟。落实国家"十四五"发展规划，医疗卫生方面要着重提升以县级医院为重点的基层医疗服务能力，提升执业（助理）医生、注册护士人数，特别是要构建强大的公共卫生体系，拓宽公共卫生人才就业渠道，吸引更多优秀人才从事公共卫生工作。同时，人口老龄化进程加快，康复、护理等专业人才需求迅速增长。优生优育、婴幼儿照护服务供给亟待加强，优质医疗资源均衡布局、分级诊疗亟待加速推进，县级公立医院、智慧医院的建设也将进入快车道。可见，医务工作者将大有可为，特别是县级及县级以下医疗机构的医务人员将成为改革的先行者和受益者。

针对当前医学生的就业形势，培养医学专科生的职业认知能力、社会适应能力和综合实践能力，提高医学专科生自我评价能力，拓宽就业视野，树立正确的择业观，提高获取、应用信息的能力，掌握就业技巧，增强就业应聘的成功率，是本教材编写的指导思想与主要目标。

本教材为湖南省大学生就业创业指导特色教材研究课题"医学专科生就业指导特色教材研究"的研究成果。课题组成员根据教育部关于"大学生职业发展与就业指导"课程的教学要求，在借鉴大量同类教材和总结多年"就业指导"经验的基础上，结合目前医学类相关专业专科生就业指导发展需求，直面和解决医学生存在的现实困惑，坚持理论知识与案例分析相结合、经验分享与实践体验相结合、求职准备与求职技巧相结合、总体目标与阶段目标相结合的原则，编写了本特色教材。

本教材内容包括医学生自我认知、职业素养、就业形势、职业与发展规划、就业准备、就业权益保护、职业角色转变等。具有如下鲜明特色：一是教学目标精准，根据教育部颁发的教学大纲的要求，结合学校人才培养目标，在每一章开始设立学习目标，增强学习的目的性和针对性；二是案例贴合实际，选用通俗易懂、贴近实际的典型事例，设计成为与理论知识相吻合的案例分析，既方便教师教，又利于学生学，帮助学生更好地掌握所学知识，培养学生素质，启发和引导学生积极思维，同时增强教材的趣味性、吸引力和可操作性；三是理论阐述多样化，尽量避免空洞的说教和过多的理论阐述，灵活运用名言警句、拓展阅读、小资料等方式提升趣味性，让学生在短时间内更好地掌握相关理论知识；四是实践体验多元化，紧密结合理论学习的重点、难点和医学生实际情况，以主题班会、参与或体验校内外实践活动等方式，进行实践训练，帮助学生消化知识，提高就业过程中分析问题和解决问题的能力，不断提升就业能力。

本教材编写修改过程中，参考和吸收了国内外有关专家、学者的一些研究成果，在此向原作者表示谢意。受编者能力所限，教材中难免有疏漏和不足之处，敬请广大读者、专家和同行批评指正，以便修订时完善。

编　者

2022年7月

目录

MULU

第一章　医学生自我认知

　　著名的成功学大师拿破仑·希尔说过："一切的成就，一切的财富，都始于自我认知。"学会在职业生涯规划的过程中全面地认清自我，充分了解自己的性格、职业兴趣、职业能力、职业价值观以及自身的优势和劣势，才能进行准确的职业定位，并对自己的职业发展目标做出正确的选择，进而选定适合自己的职业生涯路线，规划绚丽的人生。自我认知需要探讨：我是谁——个人特质（性格）；我喜欢干什么——职业兴趣；我能够干什么——职业能力；我最看重的是什么——职业价值观。对自己了解得越充分，就越能获得理性的认识与自信，才能对职业方向和目标做出正确的选择。

📖 **学习目标**

　　1.理解自我认知的重要性和内容。

　　2.熟悉性格、兴趣、能力、价值观的评定方法。

　　3.了解性格、兴趣、能力、价值观对职业规划的影响，形成初步的职业期望。

第一节　自我认知概述

　　每个人都有巨大的潜能，都有自己独特的个性和长处。麦克尔·杜马斯在他的《一生的成功计划》中说："你是自然界最伟大的奇迹。在这个世界上，没有一个人和你一样，你是自然界独一无二的造化。"

一、自我认知的内涵

　　自我认知也叫自我意识，是个体对自己的觉察和理解，包括自我观察和自我评价。自我观察是指对自己的感知、思维和意向等方面的觉察；自我评价是指对自己的想法、期望、行为及人格特征的判断与评估。

　　1.第一个问题——我是谁?　包括物质自我、社会自我和精神自我三个部分。

　　（1）物质自我　对自己生理状况，如身高、体重、体型，以及住房、财产、衣物和装饰等的认识。

（2）社会自我　对自己在社会关系、人际关系中的角色、地位、作用和权力等的认识和体验。

（3）精神自我　对自我心理特征，如需求、动机、价值观、能力、气质、性格等的认识。

2.第二个问题——我从哪里来？　包括自己的籍贯、家庭状况、学历、阅历、现有知识储备、能力和社会资源等。

3.第三个问题——我要到哪里去？　如希望在情感上、经济上、社会成就上达到什么样的目标，以及实现目标的具体方法。

大学阶段正是积极探索、寻求自我的关键时期，医学生如何正确地认识自我、评价自我和控制自我，直接影响着社会适应能力和心理健康，所以要掌握自我认知的方法，正确评价自己，主动积极地调节自己，以获得更加健康的自我。

二、自我认知的意义

希腊德尔菲神庙阿波罗神殿前的柱子上刻了一句震撼人类灵魂的名言："人啊，认识你自己。"这是古希腊哲学家苏格拉底的一句名言，卢梭称这一碑铭比伦理学家们的任何巨著都更为重要，更为深奥。

1.自我认知是大学生进行职业生涯规划的基础　自我认知，实际上就是"知己"和自我认识的过程，它是职业生涯规划的基础。只有对自己有了充分的认识和了解，规划中的"定向""定位""定点"才能比较准确，制订的计划才有针对性，行动才会更积极、自觉和主动。

2.自我认知有助于大学生进行"人职匹配"，最大限度地实现个人抱负　当一个人知道自己是谁，什么工作适合自己，自己想做什么，应该做什么的时候，就能够准确地给自己定位，确定自己的职业，实现"人职匹配"，最大限度地实现个人抱负。

3.自我认知能帮助大学生更好地开发潜能，实现事业成功　客观、全面的自我认知能帮助大学生更好地认识自我，了解自己的长处与不足，有利于开发个人的潜能。

自我认知是大学生成功走向社会的必要条件。具体来说大学生一定要明确以下内容。

（1）我喜欢什么？　主要包括自己的兴趣、爱好、个性、特长、气质、职业价值观等。

（2）我可以做什么？　主要是指外在整体就业环境和就业趋势能够给你提供什么机会等。

（3）我能够做什么？　主要是指自己所掌握的专业知识、专业技能和工作经验，以及个人综合素质、潜能等适合做什么。

（4）我应该做什么？　主要是指通过对就业环境分析、个人业务分析、个人兴趣、爱好、能力等的分析，明白自己应该做什么。

（5）我在做什么？　主要是指确定一个人在特定的时间、特定的地域能干什么，不能干什么，应该在什么行业、什么领域从事什么样的职业或工作。

三、自我认知的原则

良好的自我认知对一个人取得成功具有关键性的作用。认为自己是怎样的人，就会有怎样的表现，这两者是一致的。如果觉得自己是个有价值的人，结果就会变成有价值的人，做有价值的事，而且拥有有价值的人生。自我认知遵循的原则如下。

1.适度性原则　自我评价应该适度，过高或过低地评价自我，均是不当的表现。过高的评价往往会使自己脱离现实，意识不到自己的条件限制，甚至狂妄自大，由自信走向自负；过低地评价自己又会忽视自己的长处，缺乏自信，过于自卑。

2.全面性原则　全面地评价自己，就是既要看到自己的优点和特长，又要看到自己的缺点和不足；既要对自己某一方面的特殊素质进行具体的评价，又要对各个方面的整体素质进行综合评价；既要考虑到全面的整体因素，又要考虑到其中占主导地位的重点因素。

3.客观性原则　人贵有自知之明。尽管是自己对自己进行观察、分析和评价，但仍需要以客观事实作为基础和依据。

4.发展性原则　自我评价时，应以发展的眼光看待自己，应当着眼于未来的发展变化，预见性地评估自己将来的发展潜力和发展前景。

第二节　性格探索

？案例

两个毕业生的工作经历

小张和小李都是药学专业毕业的学生，同时应聘于一家制药公司，从事市场营销工作。小张性格外向，热情、开朗、善于交际，工作积极主动。小李性格内向，喜欢独处，善于思考。一年之后，小张完全适应了销售工作，因业绩突出，被提升为部门副经理。而小李虽然也能完成任务，但缺乏主动性，业绩平平。没多久，小李找人事主管要求辞职，辞职的理由是不喜欢营销工作。人事主管经过了解得知，小李善于钻研，高中时还获得过科技发明奖。人事主管与公司总经理商谈后决定调小李到公司研发部工作。小李调到研发部不到两年，他的一项发明就为公司创利一百多万元。

分析 小张和小李虽然都是药学专业的毕业生，但在能力和性格上存在显著差异。小张能够很快地适应销售工作，是因为他性格外向，富有交际能力，这些正是营销工作所需要的，是营销员必须具备的素质之一。因此，他做销售工作得心应手，业绩突出。而小李性格内向，善于思考和创新，他的这些特质适合从事研发工作。人事主管把他安排到适合他的岗位，发挥他的主观能动性和聪明才智实为明智之举，为企业留住了一个人才。

印度古语说："播种行为，收获习惯；播种习惯，收获性格；播种性格，收获命运。"可见性格与人们职业生涯的关系密切。

一、性格的内涵

近年来，用人单位在选人方面甚至认为性格比能力更重要。其原因是，如果一个人能力不足，可通过培训提高；但一个人的性格不好，却很难彻底改变，正所谓"江山易改，本性难移"。

什么是性格？性格是指个体现实的、稳定的和习惯性的行为方式，是在遗传的基础上经过后天环境和学校教育的影响而形成的。

二、性格的特征

性格特征千差万别。有的人诚实、正直、谦逊；有的人活泼、好动、善交际；有的人悲观、孤僻。在人际交往过程中有内向的，也有外向的；在情绪特征上，有稳定型的，也有激动型的；在适应工作方向上，有的人积极进取，也有的人消极被动；在意志表现上有果断、勇敢和优柔之分。要想认识自己的性格，就必须把握性格的基本特征，一般可以从四个方面来考察。

1.态度特征 首先表现在个体对社会、对集体、对他人以及对自己的态度上，包括富有同情心、善交际、为人正直、直率、谦虚、自傲、自信；或者与此相对应的冷漠、孤僻、虚伪、拘谨、狂妄、自卑、羞怯等。在工作态度方面，包括勤劳或懒惰，责任心强或弱，认真仔细或粗心马虎，有创新精神或墨守成规等。

2.意志特征 人在自己行为的自觉调节方式和水平方面的个人特点。按照调节行为的依据、水平和客观表现，性格的意志特征可分为4个方面：①意志的自觉性，主要表现在人对自己的行为目的具有明确而深刻的认识；②意志的自制性，主要表现是善于主动地自行控制言行；③意志的果断性，果断性能促使人在紧急情况下及时采取坚决的决定；④意志的坚毅性，就是指在行动中坚持决定，百折不挠，顽强奋斗。

3.情绪特征　个体依据客观事物对人的不同意义而产生的对该事物的不同态度，包括坚定性、乐观性，情绪的内外倾向性和波动性。

4.理智特征　个体表现在感知、记忆、思维和想象等方面的特点和个体差异。这些差异表现在知觉的特点上，可以分为被动知觉型和主动观察型；在记忆方面可表现为直观形象型或抽象型；在思维方面则可表现为思想深刻或肤浅，思维的稳定或不稳定，善于独立思考或回避问题等；在想象方面则可表现为现实感或脱离实际，内容广阔或狭窄。

三、职业性格的内涵

职业性格是指人们在长期特定的职业生活中所形成的，与职业相联系的、稳定的心理特征。

四、职业性格在职业生涯发展中的作用

人的性格与职业密切联系，性格直接影响人们的职业选择、职业适应度和职业成就。

1.职业性格是职业生涯选择的起点和依据　职业心理学家们进行过研究：如果一个人能依据自己的性格特征选择与之相适应的职业，他就能较快地适应职业环境，也较易取得职业发展的成功。

2.职业性格对提高工作效率和发挥个人才能意义重大　每种职业都有它独特的行为要求，职业性格和职业是否匹配是影响工作效率的重要因素。只有当性格与所从事的职业要求相一致时，才能发挥自己的长处和优势，获得工作的满足感和成就感，使工作成为快乐幸福的事，进而更加关注职业的前沿和发展动态，进行积极思考并大胆探索，大大提高工作效率。

3.职业性格是获得职业成功和保持职业稳定的关键因素　当职业性格有助于职业发展时，便会使人对所从事的工作产生浓厚的兴趣，对自己的职业感到满意，并愿意为之长期付出不懈的努力，使自身的潜能得到最大限度的发挥。

第三节　兴趣探索

❓**案例**

业余兴趣成为求职成功的关键

临床医学系毕业生蔡同学非常喜欢篮球，是学校校队的主力队员，曾多次代表学校参加各级比赛，获得多项荣誉。但令他没想到的是，体育方面的特长和优势竟然成为他求职成功的关键。

蔡同学是学校首批选派到解放军四二二医院实习的临床医学专业学生，在实习结束的时候也因为就业的问题发过愁，但刚好医院当年的招聘计划中，对有篮球特长的毕业生，学历可以适当放宽。由于平时表现很好，加上又有篮球特长，蔡同学便幸运地成为留院工作的唯一一名临床医学专业大专生。

分析 用人单位有时不一定需要特别全面的人才，却急需合适的人才。在众多求职者中，蔡同学不是最优秀的，但是单位最需要的。学校开展了丰富多彩的第二课堂，大家在校期间要积极参加，培养自己的业余兴趣，说不定这种业余兴趣能成为你日后求职成功的关键。

兴趣是最好的老师。自我认知，首先就从探索兴趣开始，对于医学生来说，发现并培养自己的职业兴趣，有助于未来事业的成功。

一、兴趣的内涵

兴趣是一个人力求认识某种事物或从事某种活动的心理倾向。兴趣是一种无形的动力，每个人都会对自己感兴趣的事物积极探索，并表现出心驰神往。

二、职业兴趣的内涵

职业兴趣是一个人探究某种职业或者从事某种职业活动时所表现出来的特殊个性倾向，它使个人对某种职业给予优先注意，并具有向往的情感。

大量的研究表明，兴趣和工作满意度、职业稳定性和职业成就感之间存在着明显的关联。因此，在选择职业的时候，有必要把兴趣作为一项重要的因素考虑进去。

三、职业兴趣在职业生涯发展中的作用

职业兴趣是诸多兴趣中的一种，虽然有人将兴趣划分为职业兴趣和非职业兴趣，但如果细想一下就会发现，几乎所有的兴趣都与一个人的职业生涯有一定的关系。

1.职业兴趣能影响一个人的职业定向和职业选择 古语云："知之者不如好之者，好之者不如乐之者。"由此可见，兴趣发展经历三个阶段：有趣—乐趣—志趣。从对某种职业有兴趣开始，逐渐演化为把它当作乐趣，进而把它与自己的奋斗目标有机结合发展为志趣，最终获得职业成功。

2.职业兴趣能开发人的工作潜能，激发探索欲和创新欲 当一个人对于某种职业产生浓厚兴趣的时候，就会以饱满的情绪投入工作之中，使智力和体力进入最佳状态，从而最大限度地发挥主观能动性和创造力，取得意想不到的成功。

3.职业兴趣能增强职业适应力，更快地适应环境和职业角色　有资料显示，一个从事自己感兴趣的工作的人，能发挥自身全部才能的80%~90%，并且能长时间、高效率地工作而感受不到疲劳。相反，一个从事自己不感兴趣的工作的人，就只能发挥自身全部才能的20%~30%，并容易产生疲劳和厌倦。可见，职业兴趣可以增强职业适应力，提高工作效率。

4.职业兴趣能使人在职业活动中保持心情愉快，有利于身心健康　从心理研究角度讲，一个人从事自己感兴趣的工作时，即使工作再辛苦，也会感到精神愉快，充满乐趣。相反，当一个人从事自己不感兴趣的工作时，不会积极主动地做事，心情抑郁。

第四节　职业能力探索

❓ 案例

益阳最美护士叶同学

2015年9月21日，一中年男子突然猝倒在南岳景区。益阳医学高等专科学校2013届护理专业毕业生叶同学见状立即中止旅游，迅速抢救陌生患者，主动对患者实施心肺复苏急救，持续了10多分钟，最后默默离开了现场。之后，这段"好姑娘救人不留名"的视频在网上传播，感动了患者家人，更感动了万千网友。手机视频显示，当天在现场施救时，女孩手腕上挂着的牌子上写有"益阳×××"几个字，而且无论是按压胸部还是人工呼吸，动作都非常熟练。被救患者家属据此分析，女孩可能是益阳市某家医院的医护人员，便向益阳市媒体求助，一定要找到这名女孩以表谢意。10月1日，他们终于寻找到救人女孩——叶同学。

叶同学毕业后就考入益阳市中心医院，分配到神经外科工作。虽然年纪不大，但专业技能扎实，是科室急救小组技能训练的"教练"。面对家属的感激和舆论的褒奖，叶同学平淡地说："这是很小的一件事，下次碰到了我依然会做同样的事。"同年，她被评为"湖南好青年"。

分析　只有具备良好的职业能力和扎实的职业技能，才能成为一名合格的医务工作者，才能在平凡的岗位上做出不平凡的贡献。

一、能力的内涵

能力是直接影响活动效率，使活动顺利完成的个性心理特征。人的能力是在活动中形成、发展和表现出来的，离开活动就不能表现人的能力，也不能发展人的能力。

技能是经过学习和练习形成的能力。技能按其熟练程度可分为初级技能和技巧性技能。可见，能力与技能是紧密相连的。二者的关系表现为两个方面：一方面能力是掌握技能的必要前提，能力的大小影响技能水平的高低；另一方面能力是在掌握技能的过程中形成和发展起来的，通过技能来体现。

二、职业能力的内涵

职业能力是人们成功完成职业活动所必须具备的多种能力的综合和心理特征的总和，包括三层含义：①为了胜任某种具体职业而必须具备的能力，表现为任职资格；②在步入职场之后表现出来的职业素质；③职业生涯开始之后具备的生涯管理能力。例如作为一名优秀的医护人员，应具备的职业能力包括健康的心理素质、快速的反应能力、敏锐的观察能力、娴熟的医护技能、调节环境的能力、计划管理的能力等，还应具备良好的职业道德素质，坚决贯彻执行各项卫生法规，做到秉公为患者服务，不收患者红包，真正实践"救死扶伤""人道主义"的良好医德，不辱"白衣天使"的光荣称号。

职业能力一般由基本能力、专业能力和关键能力三大部分组成。

1.基本能力 也称一般能力，指从事社会职业活动所必须具备的基本的、通用的能力，是现代职业人必须具备的基本素质和从业能力，包括语言表达能力、文字表达能力、计算机操作能力、责任感、诚信度、判断力和辨别力等。

2.专业能力 也称特殊能力，指适用职业岗位的能力，包括专业岗位知识、技能熟练程度、实践操作能力、新技术及新设备的应用能力等。

3.关键能力 也称核心能力，指从事任何职业都必不可少的跨职业的关键性能力，它是适应社会发展、技术进步、岗位变换以及创业发展等必须具备的能力。

三、职业能力在职业生涯发展中的作用

职业能力对职业生涯发展是很重要的。一个人的职业成功不仅与个性特点、知识技能、工作态度、人际关系等因素有关，还与一个人的职业能力密切相关。

1.职业能力是求职就业的基本条件 从事任何一种工作都需要一般能力，也需要特殊能力。能力是用人单位最关心的问题，也是最需要求职者证明的问题。发现自己的优势能力，有意识地提升自己相对弱势的能力，以及正确表现出自己的能力，是每位学子需要研修的课题。

2.职业能力是胜任岗位工作的基本要求 不同的人能力是有差别的，职业能力也一样。因工作性质、工作内容和职业环境的不同，对人的能力的要求也不同。医学生在职业选择时，不仅要考虑自己喜欢什么、适合什么，还要看是否具备胜任这项工作的潜力和素质。

3.职业能力是取得社会认可，谋求更大发展的根本 医学生可塑性强，因此首

先要根据自己的能力确定职业类型，再根据自己所达到的能力水平确定与之匹配的职业，选择最有利于发挥自己优势能力的职业，以谋求更大的发展。

第五节　价值观探索

❓ 案例

坚持梦想，不忘初心，实现人生价值

在省外某部队医院的实习生座谈会上，一名护理专业实习同学向老师讲出了内心的困惑。她实习期间表现优秀，已被确定留院工作，她本人也非常渴望在实习医院工作。但是她的妈妈却一直催促她实习结束后马上回湖南老家，理由是趁着国家现在放开"二胎"政策，毕业后赶紧回家、恋爱、结婚、生小孩，不要在外面浪费时间。自己和父母之间的分歧让她陷入困惑之中……

分析　年轻没有失败，但是要敢于坚持自己的选择，这样才不会后悔。特别是在就业的时候，可能会和家人产生矛盾和冲突，大家一方面要理性地进行选择，另外一方面要坚持自己的梦想，不忘初心，砥砺前行，实现自己的人生价值。

在职业选择与发展中，价值观是根基，关系到回答"我为什么要工作"的根本性问题。职业价值观的研究是职业生涯规划的基础。如果在职业生涯中找到了自己的价值，那么工作就会变得更有意义、有目的；如果工作没有使你得到满足，生活本身就会变得乏味和令人烦闷。

一、价值观的内涵

价值观是人们对客观事物和客观事件的意义、价值、作用和重要性的判断与选择标准，是人们用来区别好坏、分辨是非和判别重要性的心理倾向体系。人在面临选择和需要做出决策的时候，总会问自己真正想要的是什么？内心的真正需求是什么？比如选课，判断学习哪门课程更有用，自然而然地应用到了自己的价值观。因为价值观和需求是紧密相连的，但并不相同，需求是因缺少而产生的，一旦需求得到了满足，它的吸引力就会减退或消失；而价值观是内在的、相对稳定的，将长期影响我们的行为。

价值观具有以下特点。首先，价值观因人而异。由于每个人的先天条件和后天所遇到的环境不同，其价值观的形成也会受到不同程度的影响，对于持有不同价值观的人来说，对同一事物会产生截然不同的态度和行为。其次，价值观不是与生俱来的。价值观是随着人的认知能力的发展，在家庭教育和社会环境的影响下逐渐形成的。在特定的条件下，价值观将随着环境的变化、经验的积累、知识的增长而发生相应的改变。

二、职业价值观的内涵

职业价值观也叫工作价值观，是价值观在职业选择上的体现，是人们对待职业的一种信念和态度，或是在职业生活中表现出来的一种价值取向。职业价值观可以反映出个人价值观。人们在选择职业时，个人的择业标准和对具体职业的评价集中反映了他们的职业价值观。例如在择业过程中，有的人追求丰厚的收入，有的人希望奋斗到较高的社会地位，有的人喜欢工作环境轻松愉快，有很多大学生将充分发挥自己的才能作为择业的第一标准。

美国心理学家洛特克在《人类价值观的本质》一书中提出了13种价值观类型。

1. 成就感 提升社会地位，得到社会认同；希望工作能受到他人的认可，对工作的完成和挑战成功感到满足。

2. 美感的追求 能有机会多方面地欣赏周围的人、事、物，或任何自己觉得重要且有意义的事物。

3. 挑战 能有机会运用聪明才智来解决困难；舍弃传统的方法，而选择创新的方法处理事物。

4. 健康 包括身体和心理健康。工作能够免于焦虑、紧张和恐惧；希望能够心平气和地处理事物。

5. 收入与财富 工作能够明显、有效地改变自己的财务状况；希望能够得到金钱所能买到的东西。

6. 独立性 在工作中能有弹性，可以充分掌握自己的时间和行动，自由度高。

7. 爱、家庭、人际关系 关心他人，与别人分享，协助别人解决问题；体贴、关爱，对周围的人慷慨。

8. 道德感 与组织的目标、价值观、宗教观和工作使命能够不相冲突，紧密结合。

9. 欢乐 享受生命，结交新朋友，与别人共处，一同享受美好时光。

10. 权力 能够影响或控制他人，使他人照着自己的意志去行动。

11. 安全感 能够满足基本的需求，有安全感，远离突如其来的变动。

12. 自我成长 能够追求知性方面的刺激，寻求更圆满的人生，在智慧、知识与人生的体会上有所提升。

13. 协助他人 认识到自己的付出对团体是有帮助的，别人因为你的行为而收获颇多。

三、职业价值观在职业生涯发展中的作用

在人的职业生涯发展中，职业价值观所起的重要作用，往往超过职业兴趣和职业性格对生涯发展的影响，它能让我们了解自己工作中最看重的东西是什么，从而

确定一个优先选择的次序，最终找到各种理念的平衡点。

1.职业价值观的取舍决定职业的选择　由于个人的身心条件、年龄阅历、兴趣爱好、教育状况、家庭和社会环境不同，对各种职业的主观评价也就不同。不同的人价值观不同，因而对具体职业和岗位的选择也不同。比如有的人喜欢与人打交道的职业，有的人喜欢与物打交道的职业；有的人喜欢充满挑战性的职业，有的人喜欢安全平稳的职业。当一个人在选择职业目标的过程中产生矛盾时，常常会出于职业价值观的考虑来做出决定，这样即便眼前利益受损，但从长远来看，做出的选择会是明智正确的。因此，认真地了解和分析自己的职业价值观，对正确进行职业选择意义重大。

2.职业价值观的完善推动职业的发展　随着生涯发展阶段的推进和社会环境的变化，需要经常审视和澄清自己的职业价值观，要对职业价值观进行不断的修正和完善。对于一个清楚自己职业价值观的人来说，工作的目标和工作的意义是非常明确的。比如刚刚走出校门的医学生希望多赚钱，把赚钱当作首要的目标；当有了一定的经济基础后，就会把寻找适合自己兴趣爱好，能够兼顾家庭的工作当成首要的目标。所以首先将强烈的需求与自己的工作、自身内在的特点和外界客观的环境有机地结合起来，弄清哪些是自己需要的，哪些是不可放弃的，再对自己的职业价值观进行完善，才会更有力地推动职业生涯的发展。

四、医疗卫生职业价值观对医学生的基本要求

医疗卫生事业是神圣的。作为未来医者的医学生，肩负着救死扶伤、治病救人和促进医药卫生事业发展的重大职责和伟大使命。医学生在掌握医护知识和技能的同时，还应该具备正确的职业价值观及良好的职业道德素质和职业精神，清楚医疗卫生职业对价值观的要求。

1.坚决捍卫医护工作人员永恒不变的誓言　《医学生誓言》中明确提出："健康所系，性命相托""竭尽全力除人类之病痛，助健康之完美，维护医术的圣洁和荣誉，救死扶伤，不辞艰辛，执着追求"。作为医护人员，选择了医护工作，就是选择了救死扶伤。因此在任何情况下都不允许改变对医学的初衷，出于任何理由都不能放任患者不管。《医学生誓言》是一份对社会的庄严承诺：面对生命，必须永远保持冷静、积极、珍惜的态度。随着医学模式的转变，人道主义及伦理学越来越受到重视，坚持救死扶伤，以人为本，培养高尚的职业精神，才能更好地实现医护人员的真正价值。因此，处在特殊发展时期的医学生必须加强自身的人文修养，把救死扶伤作为医学生永恒不变的誓言和行动的指南。

2.认真处理好个人需要与社会需要的关系　17岁的马克思曾在中学毕业论文《青年在选择职业时的考虑》中写道："在选择职业时，我们应该遵循的主要指针

是人类的幸福和我们自身的完美。不应认为这两种权益是敌对的、互相冲突的、一种利益必须消灭另一种的。人类的天性本来就是这样的：人们只有为同时代的人完美，为他们的幸福而工作，才能使自己过得完美。"作为医学生必须认真处理个人需要与社会需要的关系，应该首先考虑社会需要，担负起社会责任，把社会的客观要求同个人主观愿望有机地统一起来，以国家和集体利益为重，实现个人价值和社会价值的有效结合。

3.与时俱进地培养职业精神，提升服务理念 医学生必须顺应现代医学和卫生服务的发展潮流，遵循以人为本的理念，了解和接受现代医学和护理学发展趋势，把以患者为中心的理念贯穿于整个学习和工作过程之中。转变思想观念，学会换位思考，注意尊重和体谅患者，清除患者求医的陈旧观念，提高自身服务意识、责任意识，努力为患者提供高超的医护技术和高水平的医护服务。

4.学会科学分析问题，充分肯定职业价值 由于医护资源分配不均衡、医疗保障水平不均衡，以及卫生事业发展与经济高速发展的脱节和医疗服务市场化，当前一段时间内还存在着医患关系较紧张和医患矛盾尖锐化等问题。作为医学生，要学会科学理性地分析目前存在的问题，牢记自己将从事的是保护人类健康和维系人类生命的崇高职业，充分肯定自身的职业价值，充分认识到医护工作者的崇高使命。

5.懂得积累才有收获，努力才会取得成功 繁重的临床医护工作，巨大的风险和过高的期望值，付出与回报的不对称，科研的压力和不信任的医患关系，以及由此引发的职业倦怠和悲观心理，对于即将从医的医学生而言将是严峻的考验。所以，作为医学生必须懂得医护职业生涯是一个艰苦而漫长的过程，从业之初是经验积累的过程，职业成功才是享受经验回报的过程。先付出诚实的劳动，才会取得可喜的成就，不能急于求成，采用不诚信的、投机取巧的方式。

6.树立终身学习理念，追求技术精益求精 医护人员的专业技术和医德水平将直接关系着患者的生命安全和家庭幸福，只有具备一流的医护专业技能，才能更好地为患者解除痛苦。所以，医学生必须树立终身学习的理念，好好把握学习机会，无论是在校学习还是步入社会，都应当在医护专业领域中精益求精，不断完善自己，努力攀登医学高峰。

▤ 拓展阅读

一名临床医学专业学生的自我认知

一、自我认知

1.性格 我是比较喜欢独立的人，一般都是自己的事情自己解决，不喜欢麻烦别人。面对别人，我是热情开朗的女孩。我会对我遇见的人很阳光地微笑，很热情地打招呼。我热心待人，对于不幸的人，我会同情他；对于失意伤心的朋友，我会安慰他；对于需要帮助的朋友，我也会热心地尽自己所能地帮他；我在别人面前是乐观开朗的，所以很多人都认为我内心强大，根本不会有愁的时候。这就是我阳光的一面吧！大多时候，我是有耐心的人，我可以很细心地做好事情。只是做事有点缺少恒心与毅力，只抱三分热情，没有动力。不过这只是暂时的，我会找好自己的方向，努力前进。从性格方面看，我待人待事热心热情，是适合当医生的。

2.**兴趣**　我兴趣广泛。喜欢逛街，喜欢旅游，喜欢集邮，喜欢制作手工艺品。喜欢可爱的东西，对新事物充满好奇。我喜欢那些穿着白大褂、以睿智丰富的知识为患者解除病痛的医生。自己也喜欢当医生。

3.**能力**　我的管理和学习能力还不错。从担任班上的学习委员和社团的会长这两点来看，我的办事能力还是不错的，管理组织能力也得到了别人的肯定。有独立学习的能力，好的学习能力为我以后的职业能力打下了基础。

4.**职业价值观**　我认为医生首先要有崇高的敬业精神、精湛的医学技术，以及追求卓越、利他主义、责任感、同情心、移情、负责、诚实、正直等品质和严谨的科学态度。

二、社会环境规划和职业分析

1.**家庭环境分析**　从家庭角度来讲，我从事医生这一职业是很好的。我家人的身体不是很好，我希望自己可以更多地帮助到家人。

2.**学校环境分析**　目前我就读于一所高等专科学校，在一个专科学校里学医疗，文凭较低。但是我想，只要我专升本就可以弥补回来。现在的学校并不重要，学到过硬的知识才是真理。

3.**社会环境分析**　因为大学生越来越多，而每年医院患者的数量是差不多的，医生这一职位也接近饱和状态，所以没有过强过硬的本领，是很难在这个强手如林的社会里立足的。

4.**法律环境分析**　现在医患关系处于紧张状态中。有些患者会认为，医生医好人是应该的，医不好就是你的错。所以，面对这么严峻的形势，学好知识、完善自我是至关重要的。

5.**职业环境分析**　大学里学医疗的人数在逐年增多，现在对医生的要求也愈来愈高，专科生想在较好的医院里就业是很难的事情，除非你的能力非常高，现在大多数医院都要求硕士以上的学历。

6.**发展领域分析**　我现在就读的是临床医学专业，以后可以选择外科、内科、儿科、妇产科等方向。外科医生需要理论知识牢固、动手能力强、体力够强、思维敏捷细腻。对各科医生的要求各不相同，给自己定向时要有充分的了解才行。

三、最常用的性格理论——MBTI理论

MBTI（Myers-Briggs type indicator）是一份性格自测问卷。它由美国的心理学家Katherine Cook Briggs（1875～1968）及其心理学家女儿Isabel Briggs Myers根据瑞士著名心理分析学家Carl G. Jung（荣格）的心理类型理论和她们对于人类性格差异的长期观察和研究而著成。经过了长达50多年的研究和发展，MBTI已经成为当今全球最为著名和权威的性格测试理论。

1. MBTI的应用领域

（1）自我了解和发展。

（2）职业发展和规划。

（3）组织发展。

（4）团队建设。

（5）管理和领导能力培训。

（6）解决问题能力。

（7）情感问题咨询。

（8）教育和学校科目的发展。

（9）多样性和多元文化性培训。

（10）学术咨询。

2. MBTI的四项轴　MBTI通过四项二元轴来测量人在性格和行为方面的喜好和差异。这四项轴分别如下。

（1）人的注意力集中所在和精力的来源　外向（E）和内向（I）。

（2）人获取信息的方式　感知（S）和直觉（N）。

（3）人做决策的方式　思考（T）和感觉（F）。

（4）人对待外界和处世的方式　计划性（J）和情绪型（P）。

四、性格测试

如果不能准确界定E和I、S和N、T和F、J和P，请回答下列测试问卷。每题考虑的时间不得超过10秒钟（同所有心理测验一样，别想太多，用直觉回答）。

1. 你更倾向于从何处得到力量

（E）别人。

（I）自己的想法。

2. 当你参加一个社交聚会时，你会

（E）在夜色很深时，一旦你开始投入，也许就是最晚离开的那一个。

（I）在夜晚刚开始的时候，你就疲倦了并且想回家。

3. 下列哪一件事听起来比较吸引你

（E）与情人到有很多人且社交活动频繁的地方。

（I）待在家中与情人做一些特别的事情，例如说观赏一部有趣的电影，并享用你最喜欢的外卖食物。

4.在约会中，你通常会

（E）整体来说很健谈。

（I）较安静地待着。

5.过去，你遇见的大部分情人是如何认识的

（E）在宴会中、夜总会上、工作上、休闲活动中、会议上，或当朋友介绍你给他们的朋友时。

（I）通过私人的方式，例如个人广告、录影约会，或是由亲密的朋友和家人介绍。

6.你更倾向于拥有

（E）很多认识的人和很亲密的朋友。

（I）一些很亲密的朋友和一些认识的人。

7.过去，你的爱人和情人更倾向于对你说

（E）你难道不可以安静一会儿吗？

（I）可以请你从你的世界中出来一下吗？

8.你更倾向于通过以下哪种方式收集信息

（N）对有可能发生的事的想象和期望。

（S）对目前状况的实际认知。

9.你更倾向于相信

（N）你的直觉。

（S）你直接的观察和现成的经验。

10.当你置身于一段关系中时，你更倾向于相信

（N）永远有进步的空间。

（S）若它没有被破坏，则不予修补。

11.当你对一个约会觉得放心时，你更偏向于谈论

（N）未来，关于改进或发明事物和生活的种种可能性。例如，你也许会通过谈论一个新的科学发明，或一个更好的方法来表达你的感受。

（S）实际的、具体的、关于"此时此地"的事物。例如，你也许会谈论品酒的好方法，或你即将要参加的新奇旅程。

12.你是哪种人

（N）喜欢先纵观全局。

（S）喜欢先掌握细节。

13.你认为

（N）与其活在现实中，不如活在想象里。

（S）与其活在想象里，不如活在现实中。

14.你通常会

（N）偏向于去想象一大堆关于即将来临的约会的事情。

（S）偏向于拘谨地想象即将来临的约会，只期待它自然地发生。

15.你做决定时更倾向于

（F）首先依你的心意，然后依你的逻辑。

（T）首先依你的逻辑，然后依你的心意。

16.你更倾向于比较能够察觉到

（F）当人们需要情感上的支持时。

（T）当人们不合逻辑时。

17.当和某人分手时

（F）你通常让自己的情绪深陷其中，很难抽身出来。

（T）虽然你觉得受伤，但一旦下定决心，你会直截了当地将过去恋人的影子甩开。

18.当与一个人交往时，你更倾向于看重

（F）情感上的相容性：表达爱意和对另一半的需求很敏感。

（T）智慧上的相容性：沟通重要的想法；客观地讨论和辩论事情。

19.当你不同意情人的想法时

（F）你尽可能地避免伤害对方的感情；若是会对对方造成伤害的话，你就不会说。

（T）你通常毫无保留地说话，并且对情人直言不讳，因为对的就是对的。

20.认识你的人更倾向于形容你为

（F）热情和敏感的。

（T）逻辑和明确的。

21.你把大部分和别人的相遇视为

（F）友善及重要的。

（T）另有目的的。

22.若你有时间和金钱，你的朋友邀请你到国外度假，并且在前一天才通知，你会

（J）必须先检查你的时间表。

（P）立刻收拾行装。

23.在第一次约会中

（J）若你所约的人来迟了，你会很不高兴。

（P）一点儿都不在乎，因为你自己常常迟到。

24.你偏好

（J）事先知道约会的行程：要去哪里、有谁参加、你会在那里多久、该如何打扮。

（P）让约会自然地发生，不做太多事先的计划。

25.你选择的生活充满

（J）日程表和组织。

（P）自然发生和弹性。

26.在你的生活中，哪一项较常见

（J）你准时出席而其他人都迟到。

（P）其他人都准时出席而你迟到。

27.你喜欢

（J）下定决心并且做出最后肯定的结论。

（P）放宽你的选择面并且持续收集信息。

28.你更愿意

（J）在一段时间里专心于一件事情直到完成。

（P）享受同时进行好几件事情。

得分：

每一对中那些得分较高的字母代表你四种最强的偏好，当它们合并起来时，将决定你的性格典型。

这四项二元轴通过排列组合形成了16种性格类型，并可以参考一下哪些职业可能比较适合你的性格。

附：MBTI性格类型和适合的职业

1.ISTJ

沉静，认真；贯彻始终，值得人信赖。讲求实际，注重事实，实事求是，有责任感。能够合情合理地去决定应做的事情，而且能坚定不移地把它完成，不会因外界事物而分散精神。做事以有次序、有条理为乐。在工作上、家庭中或者生活上都重视传统与忠诚。

适合职业：外科医生、药剂师、实验室技术人员、牙科医生、医学研究员等。

2.ISFJ

沉静，友善，有责任感，谨慎；能坚定不移地承担责任。做事贯彻始终，不辞劳苦，准确无误。忠诚，替人着想，细心。往往记着自己重视的人的种种微小事情，关心别人的感受。努力创造一个有秩序、和谐的工作和居家环境。

适合职业：各类医生、护士、药剂师、医学专家、营养学专家、顾问等。

3.INFJ

喜欢探索意念、人际关系和物质拥有欲的意义和它们之间的关系。希望了解什么可以激发人们的推动力，对别人有洞察力。尽责，能够履行自己坚持的价值观念。有一个清晰的理念以谋取大众的最佳利益，能够有条理地、果断地去实践自己的理念。

适合职业：心理咨询、心理诊疗师、医药销售、医药咨询、医疗保健、医学教学等。

4.INTJ

具有创意的头脑，有很大的冲劲去实践自己的理念和达到目标。能够很快地掌握事情发展的规律，从而想出长远的发展方向。一旦做出承诺，便会有条理地开展工作，直到完成为止。有怀疑精神，独立自主，无论是为自己或是为他人，都有高水准的工作能力和表现。

适合职业：医学专家、精神分析学家、药物研究开发、医学科研、医学技术等。

5.ISTP

容忍，有弹性，是冷静的观察者。当有问题出现时能迅速行动，找出可行的解决方法。能够分析哪些东西可以使事情顺利进行，又能够从大量资料中，找出实际问题的重点，很重视事件的前因后果，能够以理性的原则把事实组织起来，重视效率。

适合职业：临床医疗、医学检验、病理技术、医学影像等。

6.ISFP

沉静，友善，敏感，仁慈。欣赏目前和自己周围所发生的事情。喜欢有自己的空间，做事又能把握好自己的时间。忠于自己的价值观，忠于自己所重视的人。不喜欢争论和冲突，还会强迫别人接受自己的意见或价值观。

适合职业：个人理疗用品销售员、出诊医生、出诊护士、理疗师、牙科医生、个人健康和运动教练等。

7.INFP

理想主义者，忠于自己的价值观及自己所重视的人。外在的生活与内在的价值观相配合。有好奇心，能很快看到事情的可能性，能够加速对理念的实践。试图了解别人，协助别人发展潜能。适应力强，有弹性，如果和自己的价值观没有抵触，往往能包容他人。

适合职业：临床医疗、医学科研、医药咨询等。

8.INTP

对任何感兴趣的事物都要探索一个合理的解释。喜欢理论和抽象的事情，喜欢理念思维多于社交活动。沉静，满足，有弹性，适应力强。在自己感兴趣的范畴内，有非凡的能力去专注而深入地解决问题。有怀疑精神，有时喜欢批评，常常善于分析。

适合职业：临床医学、医药研发、医学检验、医学技术等。

9.ESTP

有弹性，容忍，讲求实际，专注即时的效益。对理论和概念上的解释感到不耐烦，希望以积极的行动去解决问题。专注于此时此地，喜欢主动与别人交往。追求物质享受的生活方式。能够通过实践达到最佳的学习效果。

适合职业：疾病监控、卫生监督、检验检疫、医药销售等。

10.ESFP

外向，友善，包容。热爱生命、热爱人，爱物质享受。喜欢与别人共事。在工作上，能运用常识，注意现实的情况，工作富有趣味性，易接受新朋友、适应新环境。与别人一起学习新技能可以达到最佳的学习效果。

适合职业：健康护理、医学教学、儿童保育、卫生保健等。

11.ENFP

热情而热心，富有想象力。认为生活充满很多可能性。能够很快地找出事件和资料之间的关联性，并能自信地依照自己所看到的模式去做。很需要别人的肯定，又乐于欣赏和支持别人。即兴而富有弹性，时常信赖自己的临场表现和流畅的语言能力。

适合职业：医药咨询、医学教学、医疗保健、护理等。

12.ENTP

思维敏捷，机灵，能激励他人，警觉性高，勇于发言。能随机应变地去应付新的和富于挑战性的问题。善于引出在概念上可能发生的问题，然后很有策略地加以分析。善于洞察别人。对日常事务感到厌倦。甚少以相同方法处理同一事情，能够灵活地处理接二连三的新事物。

适合职业：临床医学、医学研究、医药营销、疾病监控等。

13.ESTJ

讲求实际，注重现实，注重事实。果断，能很快地做出实际可行的决定。能够安排计划和组织人员完成工作，尽可能以最有效率的方法达到目的。能够注意日常工作的细节。有一套清晰的逻辑标准，会系统地跟着去做。会以强硬的态度去执行计划。

适合职业：医药管理、医学文秘、卫生监督、检验检疫等。

14.ESFJ

有爱心，乐于奉献，喜欢合作。渴望和谐的环境，而且有决心营造这样的环境。喜欢与别人共事，以能准确地、准时地完成工作。忠诚，即使在细微的事情上也是如此。能够注意到别人在日常生活中的需要而努力帮助他们。渴望别人赞赏和欣赏自己所做的贡献。

适合职业：医学教育、护理、医药咨询、卫生保健等。

15.ENFJ

温情，有同情心，反应敏捷，有责任感。高度关注别人的情绪、需要和动机。能够看到每个人的潜质，帮助别人发挥自己的潜能。能够积极地协助个人和组织的成长。忠诚，对赞美和批判都能很快地做出回应。社交活跃，在一组人当中能够惠及别人，有启发别人的领导才能。

适合职业：医学教育、卫生保健、心理咨询、基础护理等。

16.ENTJ

坦率，果断，乐于作为领导者。很容易看到不合逻辑和缺乏效率的程序与政策，从而开展和实施一个能够顾及全面的制度去解决一些组织上的问题。喜欢有长远的计划，喜欢有制定好的目标。往往是博学多闻的，喜欢追求知识，又能把知识传给别人。能够有力地提出自己的主张。

适合职业：医学管理、医学文秘、检验检疫、医药营销等。

实践训练

1.你是如何进行自我认知的？除了书中介绍的自我认知的方法外，你是否还有自己独特的认识方法？

2.试述自我认知对职业选择的重大意义。

3.做20个"我是谁"的游戏。

目的：认识并接纳自我。

（1）20分钟之内，写下20个"我是......"，要求尽量反映个人特点，真正代表自己。

（2）将自己所陈述的20项内容从身体状况、情绪状况、才智状况、社会关系状况等方面进行归类。

（3）仔细分析自己的分类，你从中能得到什么启发？

（李佩凤）

第二章　医学生职业素养

章首语

医生及其相关职业是一个令人向往的、神圣的职业，是任何国家、任何社会都需要的专业性很强的职业，换言之，医疗卫生服务人员是人类社会所必需的专业人才，也是重要的社会角色。随着科学技术的飞速发展，人类社会文明程度的巨大提高，医学模式和医学服务模式的不断变化，医护行业在极大发展的同时也面临着复杂的问题和众多的挑战。21世纪医学所肩负的责任，在客观上对医学生提出了更高的要求。作为新时代的医学生，要从"象牙塔"中顺利走入社会，成功转变社会角色，需要充分利用和珍惜大学时光，建立科学合理的知识结构，储备必要的基础和专业知识，提升综合能力和基本素质，努力夯实未来职业发展的根基。

学习目标

1. 了解未来就业对医学生知识结构、能力结构和素质结构的要求。
2. 掌握构建合理的知识结构、能力结构和素质结构的方法。
3. 加强职业素养教育，规范基本职业行为，增强大学学习的目的性、积极性。

第一节　医学生知识结构

案例

求职的尴尬经历

小张是文科生，也一直喜欢文学，但是由于父母考虑到未来好就业的原因，小张权衡之后，最终选择进入医学院校学习护理学专业。3年的大学生活中，小张似乎忘记了专业学习的重要性，一进入大学就忙着到学校社团从事外联等社会工作，她在宣传和组织活动中大显拳脚，却对专业学习避而远之，每门课程也只是在临期末考试的时候熬夜突击，勉强通过。转眼间，大学毕业在即，身边的同学都忙着参加医院或是医疗卫生行业的各类招聘考试，很多同学都在毕业前夕找到了较理想的工作，可是小张却来来回回奔跑在各大城市，希望可以找到一份和自己喜欢的宣传、文学相关的工作。然而，事与愿违，自己的文学素养与中文、新闻等专业的学生差距甚远。无奈之下，小张又调转方向，将工作意向转为医疗卫生单位，可是护理知识匮乏，其他专业知识也知之甚少，参加了好几个医院的招聘考试都没有通过笔试环节，虽然拿到了毕业证书，却找不到一份与专业对口的工作。

分析 工作的完成首先重在专业知识和技能的运用。大学毕业生的专业性，不但体现在对专业知识的把握程度高，更体现在围绕专业要求所具备的各项基础技能，即本专业要求达到的、能够胜任医学职业发展的社会基本要求。而这恰恰是上述案例中小张所缺乏的。小张所学的护理专业本身专业化程度强，社会对护理职业的专业化水准要求高，如果不具备合理的知识储备、专业的基础技能，那么，求职就会面临困境。

一、医学知识结构的基本框架

医学生在校学习期间，首要的任务是完成所学专业开设的必修课程，这是长期经验所形成的、比较科学合理的知识结构基本框架，即公共基础知识、专业基础知识和专业知识三个基本要素。

（一）公共基础知识

医学生扎扎实实地掌握宽厚的基础知识，不仅是形成合理的知识结构所必需的，而且是按照自身特点和社会需要在人的一生中不断学习、掌握新知识的需要。基础知识好比大厦的基石，宽厚坚固才能合理地建筑起稳固的知识大厦。基础知识包括自然科学、人文社会科学等基础部分，是人类知识结构中的核心和基础。

1.自然科学知识 医学生应掌握的自然科学知识包括数学、物理学、化学、生命科学和信息科学等。广博的自然科学知识能为专业知识的掌握和能力的培养奠定坚实的基础。由于科学技术的发展，几乎整个自然科学学科都和医学直接或间接地发生联系。例如，DNA分子结构的发现者沃森和克里克都具有坚实的物理学和数学基础；现代医学科学的发展，如同位素技术、超声技术、磁共振技术、电子计算机技术，都需要掌握自然科学知识。

2.人文社会科学知识 医学生应掌握的人文社会科学知识包括思想道德教育、医学与人文社会科学相结合的边缘学科知识、科学方法论和文化修养知识等。思想道德教育是核心内容，是人文素质教育和德育教育的主渠道，其目的是培养医学生的思想政治素养和逻辑思维方法，包括思想道德修养与法律基础、毛泽东思想和中国特色社会主义理论体系、形势与政策、医学伦理学、卫生法律法规等。医学与人文社会科学相结合的边缘学科知识，旨在借用人文社会科学的手段和方法研究医学中人文、社会、心理、行为等问题，主要培养医学生的职业素养，包括医学心理学、医学社会学、医学行为学、社会医学、医学史、医学美学、医学人际关系、卫生事业管理等。科学方法论和文化修养知识旨在培养医学生的科学文化素养，包括自然辩证法、逻辑学、科研方法设计、文献检索、临床思维方法、中国传统文化、大学语文、音乐欣赏等。

总之，随着医学的发展，医学早已不是一门单纯的自然科学。医学与社会、政治、经济、法律、伦理、道德等的关系越来越密切。掌握人文社会科学知识是适应医学模式转变的需要。学习广博的人文社会科学知识有利于医学生素质的提高，有利于医学生对专业知识和技能的掌握，有利于医学人才创新精神的培养，有利于医学社会化的需要。

（二）专业基础知识

专业基础知识介于公共基础知识和专业知识之间，是医学专业知识的先导与基础，起着承上启下的作用。医学生只有掌握稳固的医学专业基础知识，才能进一步深入学好医学专业知识。

医学基础知识研究人体正常结构和功能，各种因素对机体的影响和疾病的发展，包括人体解剖学、人体解剖学与组织胚胎学、生理学、生物化学、细胞生物学、分子生物学、医学遗传学、病原生物与免疫学、病理学、病理生理学、药理学等。

（三）专业知识

医学专业知识是从事医疗岗位工作最直接的知识。随着医疗卫生事业的不断发展和进步，医学专业知识也在不断地更新，医学生在学好专业理论的基础上，一方面要加倍学习、钻研医学专业知识；另一方面要时时注意医学专业的发展趋势，及时了解和努力掌握最新动态，使所学专业知识能与医学专业发展的前沿接轨。如临床医学专业知识是以疾病为研究和诊治对象的知识，包括诊断学、治疗学、内科学、外科学、妇产科学、儿科学、皮肤科学、口腔科学、眼科学、耳鼻咽喉科学、传染病学、肿瘤学、中医学、麻醉学、医学影像学、医学检验学等。护理学专业知识是研究人类疾病护理和健康教育的知识，包括内科护理学、外科护理学、妇产科护理学、儿科护理学、五官科护理学、精神科护理学、老年护理学和急救护理学、健康评估等。医学生是从事医学专业的专门人才，因此，医学专业知识应是知识结构的核心部分，也是医学科技人才知识结构的特色所在，而专博相济，以博促精已经成为当代社会对高科技人才的重要要求。

总之，医学生知识结构的三个基本要素是有层次的、由浅入深的、逐渐发展的。根据未来医学科学发展的趋势和医学人才的培养目标，高素质医学人才呈现出"金字塔形"（图2-1）的知识结构。越靠近塔底的知识越宽广，越靠近塔尖的知识越高深。公共基础知识是必备的基本文化素质，是发展的基础和前提。医学专业基础知识和专业知识是羽翼，决定着攻坚程度和水平。

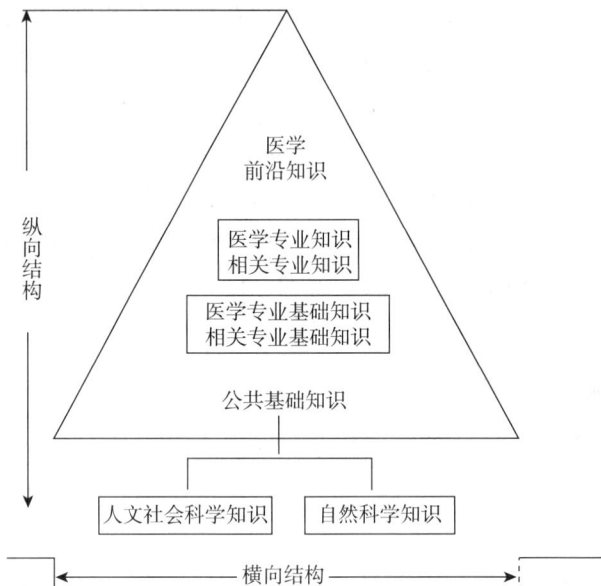

图2-1 "金字塔"形的知识结构

二、合理知识结构的构建

对于一个医学生而言，大学生涯是人生中一个最重要的阶段，也是人生成长过程中"知识资本"的重要储藏和积累期。因为医学生在大学的主要任务之一就是学习知识，为以后走上工作岗位、为医疗卫生事业的发展和人们的健康贡献自己的力量奠定基础。医学生要构建合理的知识结构，不是一朝一夕的事情，需要一个理性科学、长期刻苦的过程。

1.**了解自己需要什么样的知识结构** 对医学生而言，所学专业很大程度上决定了以后的就业方向。基于此，必须对自己以后发展所需要的知识体系有个大致的了解。

2.**制订合理的学习计划，重视专业知识的学习** 合理的学习计划是医学生构建合理知识结构的前提，重视专业知识的学习则是构建合理知识结构的重要条件。医学生的学习不是盲目的，应该有计划、有目的地对本专业以及其他相关学科领域的知识进行撷取、涉猎。

3.**注意基础知识和跨学科知识的学习** 基础知识学好了，能助力专业知识的掌握，而跨学科知识的学习将成为未来成功的"加速器"。比如护理学专业的学生，除了学习护理学专业知识外，还需要学习心理学、营养学、健康学等学科知识。

4.**掌握科学的学习方法，树立终身学习理念** 科学的学习方法能使知识的掌握达到事半功倍的效果，医学生必须掌握科学的学习方法，适应医学院校的学习环境并调整医学课程的学习方式，学会学习，改变中学时被动应试的学习方式，转向自主创新学习。如对于形态学、解剖学的学习，可以根据自己的学习情况，自主观察标本、模型、图谱和挂图，画出人体结构图，手脑结合，形成融会贯通的知识结构。

医学教育是一个连续统一的整体，是一项系统工程，更是一种终身教育。医学生要树立终身学习的理念，采取各种灵活的学习形式，不断充实、扩展自己的智能结构和知识领域，以适应科学技术和社会发展与竞争的需要。

第二节　医学生能力结构

能力是调用知识、运用智力、借助技能，顺利完成某种实践活动的个性心理特征。能力不是某种单一的特性，而是具有复杂结构的多种心理特征的总和。从不同角度或不同层面，可以划分出不同的能力类型。

能力结构，指一个人所具备的能力类型及各类能力的有机组合。每个人所具备的能力结构是不同的。探讨能力的结构、分析能力的构成因素，都是非常必要的。

医学生应着重培养的能力有创新能力、实际操作能力、沟通能力、团队协作能力、组织管理能力、分析和解决问题能力和自学能力等。这七种能力既相互区别，又相互联系、相互作用，共同组成一个有主次、交叉的有机结构体系。其结构模型如图2-2所示。

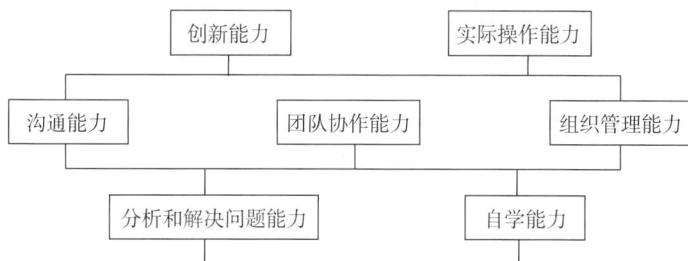

图2-2　医学生的合理能力结构模型

一、实际操作能力

实际操作能力也叫动手能力，包括实验操作技能和临床操作技能，是医学生必须具备的基本功。由于医学生文化素养、社会阅历、年龄层次以及智能发展都有一定的基础，因而具有一定的独立操作能力，但还不能适应医学实践的需要。医学的重要特征之一是实践性强，这就要求医学生具有较强的动手能力。

在实验教学中，医学生要自己多动手，锻炼实际操作能力，同时还应加强设计性实验及科学研究方法等方面的训练，锻炼探求知识的思维能力。在临床教学中，充分重视实践教学，与患者多接触，完成必要的诊疗操作，这些都是锻炼动手能力的重要途径。

二、沟通能力

沟通能力，是指人与人之间利用全方位的信息交流，建立共识、分享利益并发展人际关系的能力。医学生在未来从事的职业活动中，要与其他医务人员、医院管理人员、医院后勤人员，特别是患者及其家属进行沟通，这项能力是医学生能力结构中十分突出的一项。

医学生只有具有较强的沟通能力，才能在未来职业活动中更好地进行医患、护患沟通，促进医患、护患双方的了解和理解，进而使医疗质量和服务水平得以提高，促进患者的康复。医生业务工作量大，往往重视的只是疾病。由于医学技术的进步，大量的诊疗设备的介入使医生的诊断、治疗越来越高效，医生对这些设备的依赖性也逐渐增强，从而医患双方的直接交流减少，相互之间的感情也变得淡漠，于是医患关系在一定程度上被物化了。因此，医患沟通越来越需要得到重视和加强，以弥补新技术、新设备带来的沟通缺陷，消除医患双方的误会、减轻医患关系紧张以及减少医患矛盾或纠纷，进而建立和谐的医患关系。

根据信息载体的不同，医患沟通分为语言沟通和非语言沟通两种形式。医患之间的沟通不仅为诊断所必需，也是治疗中不可缺少的一个方面。世界卫生组织（WHO）曾做过一项调查：当患者诉说症状时，平均19秒钟就被医生打断了。一位专家曾说起，她所在科室的一些年轻大夫，很怕和患者多说话；更有甚者——一位刚从医学院毕业的医生，竟然不会问诊。那么医学生如何提高自身的沟通能力呢？

在医患沟通中，除了遵循平等、尊重、诚实和互信的原则外，还要做到以下几点。

1.掌握语言沟通的技巧 语言沟通是一种双向的沟通，一般从打招呼开始，医务工作者以诱导的方式提出问题，听取患者描述相关的病情，然后医务工作者做出总结再与患者商讨进一步诊断治疗的计划。

2.运用得体的语言 古代西方医圣希波克拉底说过："医生有两种东西可以治病，一是药物，二是语言。"语言与药物一样都是治病的工具，所以遣词用句也应十分注意。医务工作者要使用科学、通俗而易于患者理解的语言，使用亲切、温暖、有礼貌的语言。对那些在诊治中有疑惑的患者，要使用解释性语言；对那些由于疾病缠身，常有不安、焦虑、烦躁、忧虑等不良心理因素的患者，要使用安慰性语言，使其安心地配合治疗；对那些长期住院、治疗效果不显著，而又着急、信心不足的患者，要使用鼓励性语言，使其树立战胜疾病的信心；对那些病情危重而预后不良的患者，要使用保护性语言等。

3.善于倾听 当患者讲话时医务工作者应该注意倾听，这是最重要也是最基本的一项技巧。医务工作者要善于集中注意力、耐心地倾听患者的诉说，并有所反应，如变换表情和眼神，点头作"嗯、嗯"声，或简单地插一句"我听清楚了"等，不要在沟通时心不在焉或轻易打断患者的诉说。在患者情绪激动、语言过激时要能保持沉默，不与患者发生争执。

在非语言沟通时，医务工作者一方面要善于观察患者的非语言信息，并消除患者的顾虑而鼓励其用语言表达出来，以便更准确地了解患者的真实想法；另一方面医务工作者也要注意自己的仪表、仪态、手势、姿势、眼神、情绪、声音等对患者的影响，要通过无声的语言传递对患者的关怀和照顾，使患者增强战胜疾病的信心和力量，而不要因此引起误会，使患者产生多疑，甚至悲观失望的心理。

三、团队协作能力

美国医学博士海利（Healy）曾就新时代医生团队精神发表演讲时说，团队协作能力是当代医务工作者应具备的核心能力之一。团队精神是医务工作者的基本道德修养和医疗作风的集中体现。一个缺乏团队精神的医务工作者，即使他医术再高，也不能成为一名优秀的医务工作者。医务工作者首先要敬业乐群，一个有抱负的医生必定具有高度敬业乐群的团队精神。单靠一个医生单枪匹马地解决患者全部问题的时代已经一去不复返了。现代医院更讲究团队精神，在集体中实现个人价值。

所谓团队协作能力，是指建立在团队的基础之上，发挥团队精神、互补互助以达到团队最大工作效率的能力。团队合作的基础是团队，一个团队不能只依靠一个人的力量、重视一个人的力量，要依靠整个团队的力量创造奇迹。医疗行业人力资源报告指出，团队协作在提高医疗护理质量、改善患者就医安全、降低医护人员短缺以及解决医疗保健专家超负荷工作等方面，是最有效的途径。

医学生培养团队协作能力可以从以下几个方面努力。

1.培养自己宽容的品质 团队工作需要全体成员互相交流意见、统一思想，如果一个人固执己见，不愿听取他人的意见，或无法和他人达成一致，团队的工作就无法进行下去。团队的效率在于配合默契，这种默契来自团队成员的互相欣赏和熟悉，一定要抱着宽容的心态，讨论问题的时候对事不对人，即使他人犯了错误，也要本着大家共同进步的目的去帮对方改正。

2.培养自己敬业的品质 几乎所有的团队都要求成员具有敬业的品质。有了敬业精神，才能把团队的事情当成自己的事情，有责任心，发挥自己的聪明才智，为实现团队的目标而努力。要记住个人的命运是与所有团队、集体连在一起的。这就要求我们有意识地多参与集体活动，并且想方设法地认真完成好个人承担的任务。同时我们要主动了解社会需要我们做什么，自己想要做什么，然后进行周密的规划，并全力以赴地去完成，养成不论学习还是干什么事都认真对待的好习惯。要知道，有才能但不敬业的人没人敢用。

3.建立相互信任的关系 美国管理者坚信这样一个简单的理念：如果连起码的信任都做不到，那么，团队协作就是一句空话，绝没有落实到位的可能。团队是一个相互协作的群体，它需要团队成员之间建立相互信任的关系。

4.培养自己的全局观念 团队精神不反对个性张扬，但个性必须与团队的行动一致，要有整体意识、全局观念，考虑团队的需要。它要求团队成员互相帮助，互相照顾、互相配合，为集体的目标而共同努力。

小资料
团队协作能力让个人之间优势互补

英国作家萧伯纳有一句名言："两个人各自拿着一个苹果，互相交换，每个人仍然只有一个苹果；两个人各自拥有一种思想，互相交换，每个人就拥有两种思想。"一个人的能力和力量是有限的，每个人都有强项、弱项，在某些方面你可能有高过别人的地方，但在另外一些方面别人则会比你做得更好。而在团队中，个人可以通过相互学习来弥补各自的不足。团队协作也可以加强个人的自省，令团队成员充满工作激情。不同背景的成员走在一起，便可以产生不同的效果。团队精神的价值所在就是能使个人之间优势互补，从而使个人和团队做到超常水平的发挥，达到原本不可能达到的目的，最终实现个人与团队的共同成功。由于医疗专科高度分化和医疗实务条块分割，所以单一的专科医师不可能解决患者所有的健康问题。在美国，很多患者需就诊于3~4个不同的专科医师。通过团队协作，可以实现各个专科的优势互补，从而有效治愈疾病。

四、组织管理能力

组织管理能力也可称之为社会活动能力。医疗卫生组织工作是在人际关系中进行的。医务工作者不但要协调与患者和服务人群之间的关系，还要协调与工作有关的各种关系，如医患关系、医护关系、医技关系等。从事预防保健和社区医学工作的医务工作者，还必须承担一定的组织管理任务。医学家本身应当成为社会活动家，成为他们服务对象的良师益友，要取得他们的信赖，获得他们的支持，影响他们的行为，不但要帮助他们医治生理疾患，还要帮助他们解决心理问题。

五、分析和解决问题能力

分析问题的能力实质上是一种认识能力，这种能力是融合多种专业知识经过转化形成的。相对于分析问题而言，解决问题的能力是一种再造性活动能力，再造是经过反复练习，熟练掌握的一种技能。由于医学的特殊性，医生经常所面对的是没有唯一结论的临床问题，需要通过系统地分析病史、体检、实验室检查结果等内容，得出较为合理的结论，这就需要医生具有很强的分析和解决问题的能力。

医学生要在学习中，锻炼自己分析问题和解决问题的能力。在理论学习中，要积极参与教学过程，按照老师设立的问题情境，提出问题，寻找答案；在实践教学中，积极参与患者的管理和诊治过程，同时注意观察医务人员处理患者问题的思路和方法。

六、自学能力

自学能力是独立获取知识的能力，是形成其他能力的基础和重要条件。学生由于已经具备相当的知识储备，并经过较复杂的思维锻炼而具有一定的自学能力。自学能力可分解为选择学习资料的能力、选择和储存信息的能力、记忆和提取信息的能力、消化和使用信息的能力等。自学能力是学习能力的一种升华，它不仅是自觉的，而且是完全依靠自身完成的。另外，自学还是一种发展智能的学习，便于增强人的主动性和独立思考的能力。在知识急剧增长的今天，自学能力显得格外重要。学校不可能在有限的时间内将所有的新知识传授给学生，这就需要学生具有自学能力。自学能力也能为终身学习提供保障。

七、创新能力

创新能力是人类特有的能力，是认识与实践能力的总和，是智能培养的最高目标。创新能力是21世纪人才的显著特点。医学人才创新能力的培养需要具有扎实和广博的基础知识、深厚的专业知识、丰富的想象力和发散性思维。创新能力需要认知领域的知识、智能因素和非认知领域的动机、情感、意志、性格等因素的有机结合，这些因素共同作用，才能有效发展创新能力。

医学人才需要有创造力。这不仅是因为疾病的多元化、复杂化以及新病种的不断涌现，更重要的是因为即使是已经攻克的疾病，在不同人身上的表现也有差异。前人、他人的经验的确需要大量地汲取（主要通过看书、阅读文献、查房等途径），但面对具体患者时，更需要灵活地处理，因为疾病的处置是需要个体化的。忘记了这一点，就不能成为合格的医务人员。医学科学的发展需要有创新意识，医学人才要具有批判性思维的意识，要敢于在"深思熟虑"的基础上，质疑、挑战既有的检查和治疗方法，只有这样，医学才能不断进步和发展。

医学人才创新能力的获得要充分注意医学生学习过程中创新精神、创新思维的培养。所谓创新思维，是指在探索未知领域中，充分发挥认知的能动作用，突破固有的逻辑通道，不断以新颖方式和思维转化来寻求获得新成果的思维活动。因此，在学习的过程中，学生不能只是被动地接受知识，而是要独立思考，敢于提出新问题，探索未知；学生不能只是接受问题的答案，而应独立寻找解决问题的方法。另外，积极地参加社会实践活动十分有利于创新精神和创新思维的培养。

"苟日新，日日新，又日新。"历史告诉我们，没有创新，就没有人类的进步和社会的发展，更没有文明的兴起。同样，每一次的医学创新，都给人类健康带来了福音。人的健康依靠医学进步，医学进步有赖于医学创新。免疫疫苗和抗生素的发明使传染病对人类的威胁快速降低，CT和磁共振的发明使疾病的诊断符合率大幅提高。随着社会的进步和生活水平的提升，人们对医疗卫生的需求也越来越高，对于医务工作者来说，既是挑战也是机遇。作为医学生，在校期间应有意识地培育创新能力，走上医疗工作岗位后，要敢为人先，在临床诊断和治疗技术、制药技术等方面积极创新，为我国的医药事业做出贡献。

⌨ 小资料

约哈里窗户

"约哈里窗户"是由美国著名社会心理学家约瑟夫·勒夫特（Joseph Luft）和哈林顿·英格拉姆（Harrington Ingram）针对如何提高人际交往成功的效率提出的，用来解释自我和公众沟通关系的动态变化的理论。此理论被引入人际交往心理学、管理学、人力资源等领域。

开放区：代表所有自己知道，他人也知道的信息。

盲目区：代表关于自我的，他人知道而自己不知道的信息。

隐秘区：代表自己知道而他人不知道的信息，这些信息有的是知识性的、经验性的，甚至是创造性思维的结果。

未知区：代表自己不知道，他人也不知道的信息。是潜意识和潜在需要。这是一个大小难以确定的潜在知识区。

通过建立在任务、信任基础上的交流，扩大开放区，缩小盲目区和隐蔽区，揭开未知区，这就是知识组织的功能。

"约哈里窗户"理论认为，对个人而言，其认识世界的知识基本上是由四部分组成的，即公开、盲点、隐私、隐藏潜能。

所谓公开，就是自己知道、别人也知道的关于自己的事情；所谓盲点，就是自己不知道而别人知道的关于自己的事情。

所谓隐私，就是自己知道而别人不知道的关于自己的事情；而自己不知道别人也不知道的关于自己的事实，称为未知之事，未知之事即隐藏潜能。

约哈利之窗不是静止的而是动态的，我们可以通过内、外部的努力改变约哈利之窗四个区域的分布。也就是当我们公开的、隐私的事实放大了，我们的盲点和隐藏潜能相对就变小了。

盲点、隐私这些制约和影响我们潜能发挥的根本性因素，必须依据全新的团队互动式学习方法，理性而大胆地应用教练技巧中的反问、回应、分享等手段，才可以不断冲破我们内心的本能阻力，使个人和组织思维中盲点越来越少，隐私充分披露，从而达到个人素质提升和组织效能的根本改变。

思考 "约哈里窗户"理论对当前医患关系的启示有哪些？通过对"约哈里窗户"理论的理解，你认为应该在大学阶段如何形成良好的沟通能力？

分析 "约哈里窗户"理论对在医患交往中建立和谐的医患关系很有启迪。首先，扩大自我信息的开放区，适度自我暴露，充分展示自我的人格魅力。我们在进行医患交往的过程中，通过自我暴露，有助于患者更深入地了解自己。在自我暴露过程中，太少的暴露不利于和患者建立起亲密关系，但太多的暴露则会被看作难以与人相处，可能被认为是拥有唯我论的自我中心主义。因而，我们应该适时、适当地进行自我暴露。其次，注意倾听，缩小自我盲区。每个人都存在自我认知上的盲区，我们必须注意倾听，不断反思与改进，在交往中多采用换位思考的方式，最大限度地缩小自我盲区。

他山之石，可以攻玉！在沟通中我们应多聆听别人对自己的认知和改进意见，不断提升自我。敞开心扉，扩大开放区，才能做到有效的沟通！让沟通从心开始！

第三节　医学生素质结构

医学职业是一种特殊职业，其特殊性表现在它的服务对象是有生命、有思想、具有社会属性的人。因此，该行业要求从业者应有较高的职业素质。作为医学生，应及早关注医学职业所要求具备的素质以及如何培养训练，有意识地、自觉自愿地、始终如一地按照该标准锤炼自己，以便将来能够胜任这样一个光荣而艰巨的工作，完成岗位和历史所赋予的重任。

一、思想道德素质

思想是思维活动的结果。作为未来的医务工作者，医学生首先应树立爱国、立志服务和报效祖国的个人信念，要将个人的命运与国家的命运紧密地结合起来，要有强烈的民族自尊心和自豪感。其次，要用科学的世界观和方法论看待世界，以科学的态度对待各种困难和挑战，把促进人类健康和服务社会作为自己的人生价值取向。

道德是一种社会形态，它是一定社会调整人们相互间以及个人和社会间关系的行为准则和规范的总和。医务工作者的道德主要指医德，医德是医务工作者在医疗卫生实践活动中应遵循的道德规范。古人云："医无德者，不堪为医。"我国的《医务工作者医德规范及实施办法》对医德的内容做了一个比较明确的规定，主要内容包括：救死扶伤，实行社会主义的人道主义；尊重患者的人格与权利；文明礼貌服务；廉洁奉公；为患者保密；互学互尊，团结协作；钻研医术，精益求精。《中华人民共和国执业医师法》在总则部分明确提出了："医师应当具备良好的职业道德和医疗执业水平，发扬人道主义精神、履行防病治病、救死扶伤、保护人民健康的神圣职责。"主要体现在以下几点。

（一）遵守法律法规，遵守技术规范，廉洁行医

医疗卫生行业是高风险的行业，医疗卫生服务质量直接关系到人民群众生命健康。医务工作者要依法办事，按章操作，遵守医疗卫生方面的法律法规。医务工作者要熟悉以下五个方面的法律法规制度，特别是与自己工作相关的内容。

1.医务工作者执业资格和执业行为 包括医师、护士、药剂师和其他技术人员。

2.医疗卫生机构的管理 包括医疗卫生机构的设置和执业，医疗卫生机构的相关管理、法律责任。

3.疾病控制与医疗卫生预防保健 包括传染病防治、病原微生物实验室管理、医疗卫生废物处理、血液管理、医疗卫生保健等。

4.药品和医疗卫生器械管理 包括药品管理、医疗卫生器械的监督管理、法律责任。

5.医疗卫生事故处理 包括医疗卫生事故概述、医疗卫生事故技术鉴定、法律责任等。

医务工作者还要廉洁奉公，全心全意为患者服务，坚持原则，不以医谋私，不开人情处方。严格执行医疗卫生护理常规，按病情选用恰当药物和检查，不开大处方，乱检查，增加患者负担。不接受患者的红包和礼物，不接受请吃。合理治疗，合理用药。严禁对药品、仪器检查、化验检查及其他医学检查等实行"开单提成"办法。不违反规定外出行医，不私自在外开展有偿诊疗活动。不开具虚假医学证明，不参与虚假医疗卫生广告宣传和药品、医疗卫生器械促销，不隐匿、伪造，或违反规定涂改、销毁医学文书及有关资料。

（二）认真钻研医学技术，对技术精益求精

医务工作者要勇于攻克疑难病症，积极进行革新创造，不断开拓医学新领域，钻研医术，努力提高自己的诊治技术，努力提高医疗卫生服务质量。

（三）忠于社会主义医疗卫生事业，热爱本职工作

医务工作者要处处关心患者的疾苦，把维护人民的生命、增进人民的健康作为自己崇高的职责。对工作极端负责任，养成严谨细致的工作作风。对患者极端热情，时刻想到患者的痛苦和安危，平等待人。

（四）关心、爱护、尊重患者，奉献爱心

作为医务工作者，应仪态端庄，举止得体，慈眉善目，面带微笑。尊重患者的人格与权利，对待患者不分民族、性别、职业、地位、财产状况，都应一视同仁。要爱护患者、平等待人，不要以貌取人、厌恶呵斥。要服务细致，谨慎周到，一丝不苟。医务工作者要尊重患者。医者的语言应在患者惴惴不安时给他们带来安全感；在患者心情痛苦时给他们带来解脱感；在患者烦愁郁闷时给他们带来欣慰感；在患者孤独无助时给他们带来帮助感。医院应成为患者之家，医者应成为患者之友，患者应该得到全面的关怀和爱护。要让患者感到医者是他的朋友、亲人、尊敬的师长，是他们值得信赖和能为自己带来希望的人。

小资料

《希波克拉底誓言》

《希波克拉底誓言》是至今已流传2000多年的，确定医生对患者、对社会的责任及医生行为规范的誓言，以希波克拉底的名字命名。希波克拉底是公元前5世纪至公元前4世纪著名的希腊医生。这一誓言很可能在希波克拉底之前已经在医生中代代相传，以口头的形式存在，希波克拉底也许是第一个把这一誓言用文字记录下来的人。这一誓言中有封建行会及迷信的色彩，但其基本精神被视为医生行为规范，因此沿用了2000多年。直到今日，很多国家的很多医生从业时还必须按此誓言宣誓。全文如下。

仰赖医神阿波罗、埃斯克雷彼斯及天地诸神为证，鄙人敬谨宣誓，愿以自身能力及判断力所及，遵守此约。凡授我艺者，敬之如父母，作为终身同业伴侣，彼有急需，我接济之。视彼儿女，犹我兄弟，如欲受业，当免费并无条件传授之。凡我所知，无论口授书传，俱传之吾子、吾师之子及发誓遵守此约之生徒，此外不传他人。

我愿尽余之能力与判断力所及，遵守为病家谋利益之信条，并检束一切堕落和害人行为，我不得将危害药品给予他人，并不做该项之指导，虽有人请求亦不与之。尤不为妇人施堕胎手术。我愿以此纯洁与神圣之精神，终身执行我职务。凡患结石者，我不施手术，此则有待于专家为之。

无论至于何处，遇男或女，贵人及奴婢，我之唯一目的，为病家谋幸福，并检点吾身，不做各种害人及恶劣行为，尤不做诱奸之事。凡我所见所闻，无论有无业务关系，我认为应守秘密者，我愿保守秘密。倘使我严守上述誓言时，请求神祇让我生命与医术能得无上光荣，我苟违誓，天地鬼神实共殛之。

二、人文素质

人文素质亦称人文修养，它是以专业领域以外的一切人文科学知识、自然科学知识为基础，通过情感作用于人的精神世界，最终内化为精神深处的一种内在品质。医学起源于他人关怀、人类关怀的需要，它与人文有着天然不可分割的联系。我国古称"医乃仁术"，誉医生为"仁爱之士"。人文素质是医学生素质的基础。

随着社会的进步、医学科学的发展以及疾病谱、死亡谱的改变，人民的健康观发生了巨大的变化。随着医学模式从生物医学模式转为生物-心理-社会模式以及医学目的的转变，新的服务市场要求医疗保健服务摒弃机械、冷漠的纯生物思维模式，医疗服务更加关注人的整体，诊疗服务更加关注心理、社会因素，服务也需要更为人性化。因此，医学生有必要重塑和提升人文素质，高扬人文精神的旗帜，积极开展人文关怀，使医学沿着健康的方向发展。为此，要做到以下几点。

1.具备一定的医学人文知识 医学生要学习和丰富自己的医学人文知识，如医学伦理学、医学心理学、医学社会学、医学史、卫生法学等医学与人文科学相互交融、结合与统一的学科，以提高医学人文素质。

2.树立医学人文精神的理念 对患者健康和生命权利的敬畏，关爱患者的生命价值，尊重患者的人格和尊严，维护患者的自主性。

3.进行医学人文精神实践，即医学人文关怀 具体表现在：要改变单纯的生物医学模式，树立生物-心理-社会的整体医学模式，即在医疗卫生保健活动中，既要重视患者的躯体疾病，又要了解和关注患者的心理状态和社会环境。以整体的观点对待疾病和患者，防止局部的、片面的观点；在医疗卫生保健服务活动中，要以患者为中心，时刻把患者的健康和生命利益放在首位，当患者的利益需要服从社会利益时，也要使患者利益的损失降低到最低程度。提供热忱、负责的最优化服务，即医务人员要改变患者"求医"的观念，要对患者开展热忱、负责的服务。同时，在医疗卫生保健服务中，对患者采取的措施应是在当时的医学科学发展水平和客观条件下，痛苦最小、耗费最少、效果最好和安全度最高的方案。

三、科学素质

医务人员的科学素质主要是指业务素质，或称专业素质，是指从业者在职业活动中，在专业技能和专业知识方面表现出来的状况和水平。掌握熟练的专业技能、扎实的专业知识，具有在职业活动中治病救人、救死扶伤的实践能力，是医学生与其他专业毕业生的重要区别。医学生今后要通过职业活动获得稳定收入、立足于社会，专业素质是必不可少的立足之本。实际上，思想道德素质、人文素质大多要通过专业素质的运用展现出来。提高科学素质应主要从以下几个方面着手。

1.敏锐观察 敏锐的观察力是及时有效地收集病史以及进行体检诊断、治疗的基础，也是调整治疗方案的基础（首先应能及时发现病情的变化）。医务人员应在接触患者的整个过程中，运用所有感官和各种可能发现、分析、判断各种情况，善于从患者的精神、神色、声调、面色、情绪等中捕获有用的信息。具体来讲，作为未来的医务人员，医学生应培养自己有一双灵敏的耳朵，成为一位耐心的听众；有一双敏锐的眼睛，成为一位细心的观察者；有一张善辩的嘴，成为一位思维敏捷、表达清晰的交谈者；有一个嗅觉灵敏的鼻子，成为一位聪颖智慧的发现者。

2.学会记忆 医务人员的诊疗过程离不开记忆。良好的记忆功能是医务人员从事病史采集、诊断、鉴别诊断、疗法选择（特别是药物选择）等日常工作的条件。

医学是一门"精确度"极高的科学，来不得半点的含糊或模棱两可。医务人员需要掌握的信息不仅庞大，而且需要精确，否则，无法具体应用于实际。这要求医学生要在学习中学会记忆。

3.善于思考　思维是人脑的功能，是智力的核心部分。日常医疗工作中时时处处需要不断地做出分析和综合判断，不断地进行演绎推理、归纳和总结，以便一方面从既往的类似病例中找出共性的东西，此为临床积累的一个侧面；另一方面，由于同一种疾病在不同年龄与性别、不同个体、不同阶段表现不同，即临床上没有完全一样的病例，因而医务人员应善于归纳和总结，此为临床积累的另一侧面。临床经验的获得主要通过后者，这也是为什么医务人员应多接触病例，医务人员不能离开患者的道理。医学是一门实践性很强的科学，经验的积累与业务的提高需要医学生在实践中做一个有心人。

四、生理素质和心理素质

生理素质是指从业者身体各器官的功能、状态和水平，具体表现为健康的体魄。心理素质指个性心理品质的状态和水平，表现为成熟、健全的心理特征。健全的体魄主要表现为体格强健、身体健康、动作协调。健康的心理主要表现为能力齐备、情感健康、意志坚强、情绪稳定、品质良好。生理素质和心理素质是医学生素质的载体，是医学生获得成功职业生涯的重要条件。

医疗工作是高强度（体现在脑力和体力两方面）、高度紧张、压力很大的工作。没有健全的体魄和健康的心理素质是难以承受的。医务人员之所以需要具有良好的生理和心理素质，一方面是因为工作的特殊性，另一方面是科学迅猛发展、现代社会高节奏所带来的巨大精神压力，医务人员面对的是来自各个不同社会阶层、各种文化背景以及不同性别、年龄、职业的患者，即医务人员的服务对象不仅"构成复杂"，而且多处于"病态"，或"失衡状态"，或"应激状态"（生理或心理）。这种情况下要求医务人员能够有较强的心理承受能力、良好的个性品质以及较高的个人修养。只有这样，才会体谅患者的痛苦，容忍一些过激言行，甚至无理的指责和谩骂，以专业人员特有的胸怀包容一切，理智地处理各种可能发生的情况，为患者服务。

医学生的素质结构是一个统一的整体。其中，思想道德素质是灵魂，科学素质是重点，人文素质是基础，生理素质和心理素质是载体。这些素质在职业活动中表现为从业者具有的实践能力和创新精神。

▤ 拓展阅读

甘孜百姓的"女儿医生"

医者仁心，悬壶济世，医务工作者是我们健康的"守门人"。他们不分昼夜，与时间赛跑；他们不辞辛劳，与病魔搏斗；他们舍己忘我，用生命守护生命。2019年8月19日"中国医师节"，中央宣传部、国家卫生健康委员会向全社会公开发布"2019最美医生"先进事迹，"白求恩奖章"获得者，四川省甘孜州炉霍县斯木镇中心卫生院乡村医生谭晓琴就是"2019十大最美医生"之一。

谭晓琴，女，藏族，1983年4月生，中共党员，第三军医大学成都军医学院临床医学专业毕业，大专学历，四川省炉霍县斯木乡中心卫生院副院长。2017年8月，谭晓琴获得全国卫生计生系统"白求恩奖章"。多年来，她被藏民们亲切地称为"女儿医生"。

谭晓琴说是从小深受父亲影响，才选择走上行医之路。"我爸爸就是当地退休下来的老医生。小时候，他下班回家了，还有不少人来到家里找他看病"，谭晓琴说，"藏区地广人稀，医生又很少，老乡们看一次病很不容易。"或许就从那个时候开始，她心里就埋下了跟父亲一样的行医梦。

谭晓琴常年奔走在海拔3000多米的农区、牧场，为藏族群众宣讲孕妇住院分娩科学知识，改变了群众"宁愿生在牛圈里，不愿生在医院里"的观念，挽救了许多新的生命。她医者仁心，陪伴绝症患者度过最后的岁月，把素不相识铸成生死不弃。她医者无我，对艰苦、危险的工作环境从不低头，"救死扶伤是我的使命，容不得选择。"谭晓琴总是这么说。通过自己努力，她也从最初老百姓眼中"不放心的小门巴（藏语，意为'医生'）"，成长为"最放心的好门巴"。她医者博爱，在身患癌症后，不少爱心人士主动捐款为她治病，但她总是谢绝，说还有比我更需要的人。在谭晓琴拿到医院发的病危通知单后，远在炉霍斯木乡的乡亲们，自发转塔十万圈为病重的她祈福平安。"这个真的让我很感动。斯木乡离成都的医院那么远，他们不可能来这边看望我，只能通过他们自己的方式为我祈祷。"谭晓琴说。现在，每当她走在上班路上，乡里私家车见到她，都会停下来，邀请她上车，载她去医院。谭晓琴说，乡亲们给她的点滴温暖，都让她既幸福又感恩。

实践训练

1.医学生的知识结构包括哪些方面？如何构建合理的知识结构？

2.医学生的能力结构包括哪些方面？请选择其中一种能力，结合自己的实际谈谈如何培养。

3.医学生的素质结构包括哪些方面？

（汪慧英）

第三章　医学生就业形势

📖 章首语

　　科学、客观地研判当前大学生的就业形势，对大学生的职业选择和就业决策具有极其重要的作用。相对于一般普通高等院校，医学院校的专业设置和培养机制均有明显不同，毕业生的就业有其相对独立性。认清医药卫生人才需求趋势和就业政策、医学类毕业生的就业形势以及近年来的就业情况，对于帮助医学生树立正确的就业观、择业观，摒弃求职过程中一些不利因素的干扰，具有积极的意义。

📖 学习目标

1. 正确认识当前就业形势，熟悉国家促进大学生就业政策的内容。
2. 理解就业制度改革对就业带来的影响。
3. 了解未来医药卫生人才的需求趋势及医学生就业方式。

第一节　就业形势分析

一、面对的挑战

　　自1977年恢复高考以来，我国高校毕业生就业制度经历了从计划经济体制下由国家"统包统分"向社会主义市场经济体制下"国家政策指导，毕业生自主择业"的转变，基本形成了"市场导向、政府调控、学校推荐、学生和用人单位双向选择"的就业制度，建立起了具有中国特色的适应社会主义市场经济体制和高等教育大众化要求的一整套毕业生就业体制和政策体系。

　　1993年，中共中央、国务院颁布的《中国教育改革和发展纲要》，明确了高校毕业生就业制度改革的目标，即改革高等学校毕业生"统招统分"和"包当干部"的就业制度，实行少数毕业生由国家安排就业，多数毕业生"自主择业"的就业制度。1994年以后，大学生就读和专业已基本与市场经济体制接轨，读大学需要自己分担教育成本，国家不再包分配，大学毕业后自谋职业。1999年，大学开始扩招，同时教育部提出在劳动人事制度配套改革的基础上，逐年做到大学毕业生就业由市场调节，全部不包分配。1999年大学招生人数比上一年增加了42%，以后逐年增加，由精英教育向大众教育转变，大学生也不再是稀缺资源，医学生也不再是"抢手的香饽饽"。2006年以后，大学生就业难的问题开始凸显。到2013年，中国的词汇中新增一词——"最难就业季"，大学生就业成为新的民生问题。

二、面临的机遇

（一）医药卫生体制改革对就业的影响

国务院办公厅《关于印发"十四五"国民健康规划的通知》（国办发〔2022〕11号，以下简称《规划》）提出，到2025年，卫生健康体系更加完善，中国特色基本医疗卫生制度逐步健全，重大疫情和突发公共卫生事件防控应对能力显著提升，一批重大疾病危害得到控制和消除，医疗卫生服务质量持续改善，医疗卫生相关支撑能力和健康产业发展水平不断提升，国民健康政策体系进一步健全，中医药独特优势进一步发挥，健康科技创新能力明显增强，人均预期寿命在2020年基础上继续提高1岁左右，人均健康预期寿命同比例提高。《规划》既是"十四五"时期健康领域改革发展的国家级专项规划，也是卫生健康领域的总体规划。

《规划》确定了七项工作任务：第一，织牢公共卫生防护网，提高疾病预防控制能力；第二，全方位干预健康问题和影响因素，普及健康生活方式，深入开展爱国卫生运动；第三，全周期保障人群健康，完善生育和婴幼儿照护服务，保护妇女和儿童健康，促进老年人健康；第四，提高医疗卫生服务质量，优化医疗服务模式，加强医疗质量管理，加快补齐服务短板；第五，促进中医药传承创新发展，充分发挥中医药在健康服务中的作用，夯实中医药高质量发展基础；第六，做优做强健康产业，推动医药工业创新发展，促进高端医疗装备和健康用品制造生产，促进社会办医持续规范发展；第七，强化国民健康支撑与保障。深化医药卫生体制改革，强化卫生健康人才队伍建设，加快卫生健康科技创新，促进全民健康信息联通应用，完善卫生健康法治体系，加强交流合作。因此，"十四五"期间，将进一步突出健康优先发展制度体系建设、优质医疗资源扩容和区域均衡布局、构建强大公共卫生体系、面向人民生命健康加快科技创新、推动构建人类卫生健康共同体等，加快补齐短板弱项，提高治理能力，全面推进健康中国建设。《规划》描绘了我国健康中国战略的宏伟蓝图，为医学生就业指明了方向，对于医学生就业的影响主要体现在以下几个方面。

1.基层和中西部地区就业市场前景广阔 "十四五"期间，将加强基层医疗卫生队伍建设，实施免费为农村定向培养全科医生和招聘执业医师计划，为乡镇卫生院、城市社区卫生服务机构和村卫生室培训医疗卫生人员。完善城市医院对口支援农村制度，每所城市三级医院要与3所左右县级医院（包括有条件的乡镇卫生院）建立长期对口协作关系。继续实施"万名医师支援农村卫生工程"，采取到城市大医院进修、参加住院医师规范化培训等方式，提高县级医院医生水平，落实好城市医院和疾病预防控制机构医生晋升中高级职称前到农村服务1年以上的政策。鼓励高校医学毕业生到基层医疗机构工作，对志愿去中西部地区乡镇卫生院工作3年以上的高校医学毕业生，由国家代偿学费和助学贷款。随着基层卫生服务机构硬件设施的改善和待遇激励措施的实施，基层将是毕业生未来就业的广阔舞台。

2.住院医师规范化培训全面铺开　《规划》中提出，将进一步提升医护人员培养质量与规模，扩大儿科、全科等短缺医师规模。逐步推进执业医师全国统一注册，完善公立医院医师多点执业制度。稳步扩大家庭医生签约服务覆盖范围。支持社会办医，鼓励有经验的执业医师开办诊所。建立住院医师规范化培训制度，之前毕业生毕业后直接到医院上岗的就业模式将得到根本改观。住院医师规范培训是医学生毕业后教育的重要组成部分，对于培训临床高层次医师，提高医疗质量极为重要。它占据了医学终身教育的承前（医学院校基本教育）启后（继续医学教育）的重要地位，是医学临床专家形成过程的关键所在。这一措施的推出，为提高医师医疗水平打下了坚实的基础，也意味着未来从医的门槛将越来越高。

3.公共卫生服务体系将得到加强　《规划》中提出要加快推进疾病预防控制体系改革，强化监测预警、风险评估、流行病学调查、检验检测、应急处置等职能。建立稳定的公共卫生事业投入机制，改善疾控基础条件，强化基层公共卫生体系。落实医疗机构公共卫生责任，创新医防协同机制。完善突发公共卫生事件监测预警处置机制，加强实验室检测网络建设，健全医疗救治、科技支撑、物资保障体系，提高应对突发公共卫生事件能力。建立分级分层分流的传染病救治网络，建立健全统一的国家公共卫生应急物资储备体系，大型公共建筑预设平战结合改造接口。筑牢口岸防疫防线。加强人才队伍建设，建设一批高水平公共卫生学院。完善公共卫生服务项目，扩大国家免疫规划，强化慢性病预防、早期筛查和综合干预。完善心理健康和精神卫生服务体系。因此，未来对公共卫生人才的需求不会削弱。

4.执业药师需求膨胀　实行国家基本药物制度，规范药品生产流通秩序，改革药品的价格形成机制，加强药品监管等工作。完善执业药师制度，发挥执业药师指导合理用药和药品质量管理方面的作用，所有零售药店必须按规定配备执业药师，为患者提供购药咨询和指导。尽管我国的执业药师已经增加到17万余人，但平均近8000人才有1名执业药师。而日本、法国、美国分别是平均517人、909人、1200人就拥有1名执业药师。因此，未来对执业药师的需求将会膨胀。

5.护理、中医药等人才需求旺盛　加强护理队伍建设，逐步解决护理人员比例过低的问题。《规划》中提出，推动中医药传承创新。坚持中西医并重和优势互补，大力发展中医药事业。健全中医药服务体系，发挥中医药在疾病预防、治疗、康复中的独特优势。加强中西医结合，促进少数民族医药发展。加强古典医籍精华的梳理和挖掘，建设中医药科技支撑平台，改革完善中药审评审批机制，促进中药新药研发和产业发展。强化中药质量监管，促进中药质量提升。强化中医药特色人才培养，加强中医药文化传承与创新发展，推动中医药走向世界。要加强中医临床研究基地和中医院建设，组织开展中医药防治疑难疾病的联合攻关，在基层医疗卫生服务中大力推广中医药适宜技术。采取扶持中医药发展政策，促进中医药继承和创新。为此，护理、中医药专业毕业生的就业前景随着国家扶持政策的陆续实施，将越来越光明。

6.信息化管理人才走红　要建立实用共享的医药卫生信息系统，大力推进医药卫生信息化建设，以推进公共卫生、医疗、医保、药品、财务监管信息化建设为着力点，整合资源，加强信息标准化和公共服务信息平台建设，逐步实现统一高效、互联互通。医院信息化建设不仅需要大量的硬件投资，对人才的需求也将更加迫切。

总之，我国致力于实现"人人享有基本医疗卫生服务"的目标，需要大量的基层医药卫生人才、公共卫生人才，这为医学专业毕业生的就业提供了广阔的就业市场。面对这种形势，医药类专业毕业生要转变就业观念，树立服务基层、扎根基层的意识，坚信在基层这片肥沃的土壤里定能实现人生的价值。

（二）"大健康"时代的来临对就业的影响

实施健康中国战略，必须完善国民健康政策，为人民群众提供全方位全周期健康服务。深化医药卫生体制改革，全面建立中国特色基本医疗卫生制度、医疗保障制度和优质高效的医疗卫生服务体系，健全现代医院管理制度。加强基层医疗卫生服务体系和全科医生队伍建设。全面取消以药养医，健全药品供应保障制度。坚持预防为主，深入开展爱国卫生运动，倡导健康文明生活方式，预防控制重大疾病。实施食品安全战略，让人民吃得放心。坚持中西医并重，传承发展中医药事业。支持社会办医，发展健康产业。促进生育政策和相关经济社会政策配套衔接，加强人口发展战略研究。积极应对人口老龄化，构建养老、孝老、敬老政策体系和社会环境，推进医养结合，加快老龄事业和产业发展。健康中国是根据时代发展、社会需求与疾病谱的改变，提出的一大战略。它围绕人的衣食住行以及生老病死，关注各类影响健康的危险因素和误区，提倡自我健康管理。它追求的不仅是个体身体健康，还包含精神、心理、生理、社会、环境、道德等方面的完全健康。提倡的不仅有科学的健康生活，更有正确的健康消费等。它的范畴涉及各类与健康相关的信息、产品和服务，也涉及各类组织为了满足社会的健康需求所采取的行动。

全面推进健康中国建设，要深入推广"三明"医改经验，促进优质医疗资源扩容和均衡布局，深化医疗、医保、医药联动改革，持续推动从以治病为中心转变为以人民健康为中心，持续推进解决"看病难""看病贵"问题。因此可以预计，未来10年我国将进入健康中国建设的时代。纵观产业发展趋势来看，健康产业及其相关产业将会继续保持较为高速的增长，同时，产业融合、产业形态交织，将会为未来5～10年健康中国建设提供强大动力。未来大健康产业发展的三大趋势：①产品形态的多样化、多元化，传统的健康产业仅仅是给病患提供诊疗、护理服务等服务，而未来的健康产业不仅限于此，有着更为广阔的发展空间；②新兴的产业形态正在不断变化，养老、保健和中高端医疗器械等代表未来发展方向的业界形态在国内已初见雏形，并且聚集了足够强而大的产业技术力量和资本力量，是一个非常好的发展契机；③新一代技术的出现会推动国内大健康产业的快速转型和发展，升级产业及产品形态。新一代技术未来会成为大健康产业重要的动力，为战略发展提供有力保障，包括云计算、物联网、移动互联网等。而任何产业的发展都必须以人才作为支撑，可以预见的是，随着大健康产业的蓬勃发展，社会将会提供大量的工作岗位，而从事这些岗位都必须具备一定的医学专业知识，这也为医学生就业提供了广阔的市场。

（三）人口老龄化和生育政策对就业的影响

截至2021年底，60岁及以上人口26736万人，占全国人口的18.9%，其中65岁及以上人口20056万人，占全国人口的14.2%。另据预测，2030年，中国60岁以上的人口比例将超过1/4；在2050年前后达到顶峰，约占总人口的1/3。中国目前平均2.8个劳动力抚养1位老年人；到2050年，将只有1.3个劳动力抚养1位老年人。随着老龄化时代的到来，无论是机构、居家，还是社区养老，都将对社会提出全方位的挑战，如老人的生活经济保障，罹患心脑血管疾病、肿瘤、高血压、糖尿病等多种慢性病的康复治疗，长期看护和照料服务的提供，社会适应性和心理健康的维护等。相关康复和护理需求以及就近服务、上门服务等需求都会大幅度上升。当前，我国老年医疗、护理、康复机构的从业人员数量不足，质量不高，不能满足老年人口不断增长的多元化需求，供需失衡突出。

实施"三孩"生育政策，要完善生育和婴幼儿照护服务，完善相关配套支持措施。完善托育服务机构设置标准和管理规范，建立健全备案登记、信息公示和质量评估等制度，加快推进托育服务专业化、标准化、规范化。研究制定托育从业人员学历教育和相关职业标准，提高保育保教质量和水平。要保护妇女和儿童健康。实施母婴安全行动提升计划，全面落实妊娠风险筛查与评估、高危孕产妇专案管理、危急重症救治、孕产妇死亡个案报告和约谈通报等母婴安全五项制度，提供优质生育全程医疗保健服务。发展妇女保健特色专科，提高服务能力，加强妇女健康服务。实施母乳喂养促进行动，开展婴幼儿养育专业指导，实施健康儿童行动提升计划，完善儿童健康服务网络，建设儿童友好医院，加强儿童保健和医疗服务。可见，需要更多的医护人员筑牢孕产妇和婴幼儿的健康安全防线。

综合以上几个方面我们可以看到，虽然现在大学生就业竞争非常激烈，但是健康中国战略的实施，国家围绕"共建共享、全民健康"的战略主题，医学毕业生的就业市场还是非常广阔的，就业前景也比较乐观。

第二节　医药卫生人才的需求趋势

21世纪初，基层医生的数量超过了120万，但近年来仅维持在84万左右。

湖南省在2019年7月29日出台了《促进人才向基层流动实施方案》（以下简称《方案》），其中规定，基层医生连续工作满5年，可优先入编。而且对于村医的养老问题，也做出了明确指示。

此次的《方案》提出，要加大农村定向大学生公费培养力度，对农村订单定向免费本科医学生、贫困地区基层医疗卫生机构本土化培养学生，毕业后按规定办理入编手续。对在基层医疗卫生机构连续工作5年以上、已经取得执业（助理）医师的临聘人员可通过考核考评择优办理入编手续；对取得执业（助理）医师资格或卫生技术中级及以上职称或全日制医学本科及以上学历的急需紧缺人才，可以考核方式招聘。而且，还将给予这类医生一定的晋升机会，表现优异的可到县级医院、卫生健康行政部门任职；并为符合条件的基层医生，缴纳职工养老保险，费用由地方财政和乡村医生个人按一定比例承担；并将定期举办评奖评优活动，事业单位工作人员奖励重点向乡镇倾斜，且比例应高于县市区直属事业单位。

虽然医学专业毕业生的就业市场比其他专业要更为广阔，但从医疗卫生机构的市场需求来看，出现了两极分化的情况。县级以上综合性医院对医学类毕业生的招聘要求越来越高，临床医学、口腔医学专业需要具备硕士研究生学历，医学检验技术、药学、中药学专业需要具备全日制本科学历，只有护理、助产、康复治疗技术等专业暂时能满足部分县级医院的招聘需求。

因此，医学专科毕业生的就业市场主要还是县级医院、民营医院和基层卫生服务机构（社区卫生服务中心和乡镇卫生院）。具体来说，护理专业、助产专业、康复治疗技术专业的毕业生，主要就业市场是在县级医院，临床医学、医学检验技术专业的毕业生主要还是在民营医院、乡镇卫生院和社区卫生服务中心，药学、中药学专业的毕业生主要在医药企业，口腔医学专业毕业生则主要在口腔诊所。

虽然基层医疗服务机构在硬件设施、地理位置等方面不如城市的医院，但有其特有的优势，具体体现在以下几个方面。

1.收入较高 以益阳市来说，试用期过后，乡镇卫生院的年收入在扣除五险一金后，到手的收入和一般的县级医院、民营医院相比，不相上下。另外，基层的消费比城市要低，工作单位一般还提供午餐和员工宿舍，这其实也是一种福利和收入。其他地区的乡镇医疗机构收入和当地财政收入的高低成正比，总体水平不会低于当地事业单位工作人员的收入水平。

2.工作相对轻松 工作相对轻松是由乡镇卫生院所承担的职能所决定的。医改之后，乡镇卫生院承担的职能主要是疾病预防和健康宣教，以及一部分常见病的治疗，具体来说包括以下几项。

（1）乡镇卫生院的职能以公共卫生服务为主，综合提供预防、保健和基本医疗等服务。

（2）加强农村疾病预防控制，做好传染病、地方病防治和疫情等农村突发性公共卫生事件报告工作，重点控制严重危害农民身体健康的传染病、地方病、职业病和寄生虫病等重大疾病。

（3）认真执行儿童计划免疫。积极开展慢性非传染性疾病的防治工作。

（4）做好农村孕产妇和儿童保健工作，提高住院分娩率，改善儿童营养状况。

（5）积极做好新型农村合作医疗的服务、计划生育技术指导、康复等工作。

（6）开展爱国卫生运动，普及疾病预防和卫生保健知识，指导群众改善居住、饮食、饮水和环境卫生条件，引导和帮助农民建立良好的卫生习惯。

3.医患关系和谐，工作成就感高 由于基层医疗服务网络体系不断健全，新农合报销制度普遍实施，基层医疗机构的技术和服务态度好、费用低、等候时间短，缓解了百姓的看病负担，方便了群众就医，在一定程度上改善了医患关系，从而提高了患者的就医满意度和医务人员工作的成就感。

4.上升空间大 由于乡镇卫生院工作人员高学历人才相对缺乏，医院会将专科毕业生作为业务骨干培养，选派到上级医院进修学习。一旦学历得到提升，顺利地考取了从业资格证，一样有机会进入上级医院工作。

赵同学1981年7月毕业于益阳卫生学校（益阳医专前身）临床医学专业，1981年至1994年工作于益阳市安化县清塘镇卫生院。后任广东省惠州市博罗县人民医院院长，现为博罗县卫生和计划生育局党组成员。他从基层开始工作，兢兢业业，求真务实，通过自身的不断努力，一步一个脚印，不断续写医学事业的辉煌。

5.同样能体现社会价值 只要心怀梦想，扎实工作，在基层同样能体现个人的社会价值，同样能在平凡的岗位上做出不平凡的贡献，得到人民的认同和赞许。

第三节　医学生就业形式

当前，随着社会主义市场经济体制的建立和完善，"双向选择，自主择业"的就业方式成为基本的就业制度和就业政策，高校毕业生被推入市场化就业的轨道。毕业生的"就业"被赋予了新的内涵：高校毕业生通过双向选择、签订协议，经国家统一派遣供职于用人单位或自谋职业后，通过诚实劳动、合法经营取得合法收入，统称为毕业生就业。高校毕业生就业方式也因此多元化、多层次化。目前，大学毕业生就业形式主要有以下几种。

一、签约就业

签约就业是毕业生和用人单位之间通过双向选择，签订就业协议后就业。随着国家人事制度改革的深入，越来越多的机关、企事业单位在接收高校毕业生时都采取签约的方式。而且，签约也是纳入就业主管部门就业方案的必需程序。

二、招考录用

招考录用是指国家、省、市各级党政机关、企事业单位面向高校毕业生，通过统一招考录用的方式，公开招聘、择优录取专业技术人员和管理人员。《国家公务员暂行条例》中严格规定，录用程序主要包括发布公告、报名、资格审查、考试、考核、体检、录用和使用等。医学生可以通过考试考核择优录用为国家公务员、企事业单位专业技术人员和管理人员。各省省委组织部选调生考试全部面向应届高校毕业生，具体招考范围、报考条件和程序以当年度人事组织部门发布的招考简章为准。

三、继续深造与出国留学

（一）升学

本科学历相对于专科学历，从求职、晋升、工资定级、考证、考公务员、评定职称、引进人才等各方面都存在优势。在求职方面，很多单位，特别是国家机关、事业单位、国企、外企，招聘的基本要求都是"本科学历"，没有本科学历即使专业技术能力再突出也会受到限制。在晋升方面，本科学历被提升的概率比专科大。很多人在做了几年技术人员之后势必都会向管理层发展，而中层以上的管理者基本上都必须为本科以上学历。在工资定级方面，同样的单位，同样优秀的员工，本科学历员工的工资比专科高一档次。在考资格证、考公务员及职称评定方面，国家的部分职业资格证和公务员考试报考都要求为本科以上学历，所有高级职称的评定也需要本科以上学历。所以不管是求职、晋升，还是后续的成长，学历一直伴随着我们。在知识经济时代，学历是每个人职业生涯的敲门砖，学历越高机会越多，发展空间也越大。

升学主要有以下几种类型。

1.普通高校专升本　招生对象为本省应届专科（高职）毕业生。普通高校高职高专学生通过考试升入本科后，按本科院校学生学籍进行管理。其各项收费按升入学校的本科同专业学生收费标准收取。毕业后由学校统一颁发毕业证书。学习期满且成绩合格的学生，可根据《中华人民共和国学位条例》及有关规定申请授予相应的学士学位。普通高校专升本纳入国家统一招生范畴，是"国家统招"，只有应届生才能参加，往届生不能参加。目前只能申报本省内高校，医学类要求专科所学专业和报考的本科专业一致。毋庸置疑，普通高校专升本是最可取的一种升本方式，是人们通常所谓的"正规军"。只要参加统一的入学考试，被录取后即可电子学籍注册，在校期间各项管理及毕业证书、学位证书都和高考直接进入本科的学生一样。而且入学考试医学类只有医学专业、专业基础、公共英语三门课程，相对于其他类型的要通过十几门国家统考的专升本，从某种程度上来说，是最容易和稳妥的方式。

2.网络远程教育专升本　招生对象为已获得专科毕业证书的学生。网络教育属国民教育系列，国家承认网络教育的毕业证书和学位证书，毕业证书有电子注册号，必须通过教育部规定的英语和计算机基础统考才能毕业。网络教育是近些年崛起的新型教育模式，对无缘全日制高校而又想接受高等教育的求学者来说，网络教育具有学制灵活、学费实惠、报考简便等独特的优势。

3.成人高考专升本　招生对象为已获得专科毕业证书的学生。专科毕业后，可通过全国成人高考中的专升本考试进入成人院校学习，一般包括业余、脱产、函授、夜大。考试时间一般在10月。成人高考专升本毕业后由学校颁发毕业证书，证书上注有"成人"二字，国家承认学历，达到一定要求者可获得学位证书。成人高考因入学需要参加全国统考，增加了一层门槛，录取后需要边工作边学习。由于成人教育大多是面对面授课，大多学校对出勤的管理比较严格，将出勤率与考试成绩挂钩，很多同学通常因工作原因无法兼顾。有些学校采用课程学习班的形式，在校期间即可参加本科课程学习，毕业后参加成人高考，通过后取得学籍，之前的学科和学分都予以承认，可不必集中授课。

4.自学考试专升本　高教自考中有独立本科考试，每个专业有10多门课程，通过所有课程考试即可获得国家承认本科学历。自学考试独立本科毕业后，由主考院校颁发毕业证书，由自学考试办公室和主考院校分别盖章，国家承认学历，达到一定要求者可获得学位证书。自考是全国考试，而且课程门数多，不管是理论考试课，还是实践课、毕业论文，只要有不及格的，就拿不到毕业证。自考的每门补考次数虽然不限，但学分的有效期为6年，6年内不能全部通过，学分即被清空。所以，选择自学考试专升本，需要有坚持的勇气和毅力。

（二）"3+2" 助理全科医生规范化培训

《教育部卫生部关于实施临床医学教育综合改革的若干意见》（教高〔2012〕6号）和《教育部卫生部关于实施卓越医生教育培养计划的意见》（教高〔2012〕7号）指出了要全面提高医学人才培养质量，加快面向基层的全科医生培养，整合农村医疗特点和医学教育资源，通过2年规范化培训，将医学专科毕业生培养为合格的助理全科医生的综合方案。"3+2"（三年医学专科教育加两年毕业后全科医生培训）的助理全科医生规范化培训是培养全科医学理论和技能的高素质实用型医学人才，改变目前乡村医生数量不足、年龄老化、学历偏低现状的需要，也是提高社区卫生人才队伍基础能力的需要。

（三）出国留学

随着我国改革开放的深入发展，教育的国际交流日益频繁，中国公民有了更多机会自费出国留学。同时，由于国民经济的持续快速发展，许多家庭的经济实力也能够担负出国留学的费用。所以，毕业后直接申请出国、出境留学或工作的大学生也在逐年增多。当然，出国留学或工作也需要一定的条件，不仅是经济条件，自身的知识准备也必不可少，有意向的学生可多方了解，慎重选择。在专科学习阶段，可进入校内涉外班学习，提升外语水平，打好语音基础。

四、自主创业

大学生自主创业是改变就业观念，利用自己的知识、才能和技术，以自筹资金、技术入股、寻求合作等方式创立新的就业岗位，即毕业生不做现有岗位的竞争者，而是为自己、为社会上的更多人创造就业机会。我国政府积极鼓励和支持大学生自主创业，中央和地方均出台了许多鼓励大学生创业的政策，为大学毕业生提供了良好的政策环境。

当然，创业是一项巨大的系统工程，也是一个艰苦的过程，充满了挑战。自主创业不仅需要具备一定的创业环境和外部条件，而且需要创业者自身具备一定的创业素质和能力，需要一定的工作经验和社会阅历，不是仅凭满腔热情就能够实现的。所以，有创业意向的毕业生应该深入分析主客观条件，制订周密的创业计划，充分论证创业的可行性，确定切实可行后再实施创业，切不可草率。

五、灵活就业

灵活就业是相对于传统就业模式而言的，它不同于正规的全日制、与用人单位建有稳定的劳动法律关系、获有工资福利和社会保障的就业。与传统就业模式相比，灵活就业方式的特点是灵活性强、自由度大、适应范围广、劳动关系比较松散。灵活就业的劳动标准（劳动条件、工时、工资、保险福利待遇）、生产组织管理及劳动关系运作等均达不到一般企业标准的用工和就业形式。灵活就业主要是指小型企业、微型企业和家庭作坊式的就业，主要由以下三部分构成。

1.**自营劳动者** 包括自我雇佣者（自谋职业）和以个人身份从事职业活动的自由职业者等。

2.**家庭帮工** 也就是那些帮助家庭成员从事生产经营活动的人员。

3.**其他灵活就业人员** 主要是指非全时工、季节工、劳务承包工、劳务派遣工、家庭小时工等一般劳动者。

第四节 国家出台的就业帮扶政策

面对日益严峻的就业形势，为促进高校毕业生充分就业，解决这项事关国家发展前景的民生工程，国务院及各部委出台了一系列针对大学生就业的帮扶和优惠政策，主要有以下几项。

一、志愿服务西部计划

大学生志愿服务西部计划又称"西部计划"，它是由团中央、教育部、财政部、人力资源社会保障部于2003年根据国务院有关要求共同组织实施的。按照公开招募、自愿报名、组织选拔、集中派遣的方式，每年招募一定数量的普通高等院校应届毕业生，以志愿服务的方式到西部贫困县的乡镇从事为期1~3年的教育、卫生、农技、扶贫以及青年中心建设和管理等方面的工作。志愿者服务期满后，鼓励其扎根基层，或者自主择业和流动就业，并在其升学、就业方面给予政策支持。

大学生志愿服务西部计划自开始实施，就受到了医学院校和医学生的高度重视。应届医学生纷纷踊跃报名，积极响应党和政府的号召，到西部、到基层、到祖国最需要的地方去锻炼、成长、奉献，极大地促进了西部贫困地区医疗卫生事业的发展。大学生志愿服务西部已成为医学生就业中一道亮丽的风景。

二、"三支一扶"计划

"三支一扶"是支教、支医、支农、扶贫的简称。2006年，中央组织部、人事部等八部门下发《关于组织开展高校毕业生到农村基层从事支教、支农、支医和扶贫工作的通知》（国人部发〔2006〕16号），以公开招募、自愿报名、组织选拔、统一派遣的方式，从2006年开始连续5年，每年招募2万名高校毕业生，主要安排到乡镇从事支教、支农、支医和扶贫工作。服务期限一般为2~3年。招募对象主要为全国普通高校应届毕业生。2020年是国家启动"三支一扶"计划的第十五年，今年又有3.2万名高校毕业生投身基层从事支教、支农、支医和扶贫等工作。

"三支一扶"计划每年6月上旬开始启动，省内应届高校毕业生可通过咨询学校就业部门，查询"三支一扶"岗位资料进行报名。生源省外高校毕业生和上届毕业生直接通过生源省"三支一扶"工作协调管理办公室报名。

三、鼓励高校毕业生到基层就业政策

按照《中共中央办公厅　国务院办公厅印发<关于进一步引导和鼓励高校毕业生到基层工作的意见>的通知》（中办发〔2016〕79号）、《国务院关于进一步做好新形势下就业创业工作的意见》（国发〔2015〕23号）、《国务院办公厅关于做好2014年全国普通高等学校毕业生就业创业工作的通知》（国发〔2014〕22号）、《国务院办公厅关于做好2013年全国普通高等学校毕业生就业工作的通知》（国办发〔2013〕35号）和《国务院关于进一步做好普通高等学校毕业生就业工作的通知》（国发〔2011〕16号）等文件规定。

（1）完善工资待遇进一步向基层倾斜的办法，健全高校毕业生到基层工作的服务保障机制，鼓励毕业生到乡镇特别是困难乡镇机关事业单位工作。

（2）对高校毕业生到中西部地区、艰苦边远地区和老工业基地县以下基层单位就业、履行一定服务期限的，按规定给予学费补偿和国家助学贷款代偿（本专科学生每人每年最高不超过8000元、研究生每人每年最高不超过12000元）。

（3）结合政府购买服务工作的推进，在基层特别是街道（乡镇）、社区（村）购买一批公共管理和社会服务岗位，优先用于吸纳高校毕业生就业。

（4）落实完善见习补贴政策，对见习期满留用率达到50%以上的见习单位，适当提高见习补贴标准。

（5）将求职补贴调整为求职创业补贴，对象范围扩展到已获得国家助学贷款的毕业年度高校毕业生，即孤儿、残疾人、家庭贫困（享受城镇和农村低保）和已获得国家助学贷款的大中专毕业生在毕业年份均可申请800元/人的求职创业补助。

（6）艰苦边远地区基层机关招录高校毕业生可适当放宽学历、专业等条件，降低开考比例，可设置一定数量的职位面向具有本市、县户籍或在本市、县长期生活的高校毕业生。

四、鼓励高校毕业生应征入伍政策

高校毕业生应征入伍服义务兵役，除享有优先报名应征、优先体检政审、优先审批定兵、优先安排使用"四个优先"政策，家庭按规定享受军属待遇外，还享受优先选拔使用、学费补偿和国家助学贷款代偿、退役后考学升学优惠、就业服务等政策。

五、鼓励高校毕业生自主创业政策

1.税收优惠　持人社部门核发《就业创业证》（注明"毕业年度内自主创业税

收政策"）的高校毕业生在毕业年度（毕业所在自然年，即1月1日至12月31日）内创办个体工商户、个人独资企业的，3年内按每户每年8000元为限额依次扣减其当年实际应缴纳的营业税、城市维护建设税、教育费附加和个人所得税。对高校毕业生创办的小型微利企业，按国家规定享受相关税收支持政策。

2. 创业担保贷款和贴息支持　对符合条件的高校毕业生自主创业的，可在创业地按规定申请创业担保贷款，贷款额度为10万元。鼓励金融机构参照贷款基础利率，结合风险分担情况，合理确定贷款利率水平，对个人发放的创业担保贷款，在贷款基础利率基础上上浮3个百分点以内的，由财政给予贴息。

3. 免收有关行政事业性收费　毕业2年以内的普通高校毕业生从事个体经营（除国家限制的行业外）的，自其在工商部门首次注册登记之日起3年内，免收管理类、登记类和证照类等有关行政事业性收费。

4. 享受培训补贴　对高校毕业生在毕业学年（从毕业前一年7月1日起的12个月）内参加创业培训的，根据其获得创业培训合格证书或就业、创业情况，按规定给予培训补贴。

5. 免费创业服务　有创业意愿的高校毕业生，可免费获得公共就业和人才服务机构提供的创业指导服务，包括政策咨询、信息服务、项目开发、风险评估、开业指导、融资服务、跟踪扶持等"一条龙"创业服务。各地在充分发挥各类创业孵化基地作用的基础上，因地制宜建设一批大学生创业孵化基地，并给予相关政策扶持。对基地内大学生创业企业要提供培训和指导服务，落实扶持政策，努力提高创业成功率，延长企业存活期。

6. 取消高校毕业生落户限制　允许高校毕业生在创业地办理落户手续（直辖市按有关规定执行）。

六、鼓励高校毕业生参加职业培训政策

高校毕业生毕业年度内参加就业技能培训或创业培训，可按规定向当地人力资源社会保障部门申请职业培训补贴。毕业后按规定进行了失业登记的高校毕业生参加就业技能培训或创业培训，也可向当地人力资源社会保障部门申请职业培训补贴。

高校毕业生参加就业技能培训或创业培训后，培训合格并通过职业技能鉴定取得初级以上职业资格证书（未颁布国家职业技能标准的职业应取得专项职业能力证书或创业培训合格证书），6个月内实现就业的，按职业培训补贴标准的100%给予补贴。6个月内没有实现就业的，取得初级以上职业资格证书，按职业培训补贴标准的80%给予补贴；取得专项职业能力证书或创业培训合格证书，按职业培训补贴标准的60%给予补贴。

选择为麻风病患者服务终身

麻风病是一种令人谈虎色变的皮肤病，常人提起麻风病往往避之犹恐不及，而麻风病患者往往因为四肢畸形、皮肤溃烂、面目狰狞、恶臭难闻，受到旁人的排斥甚至家人的抛弃而失去生活的希望。而小刘就是他们心中的守护神，是他们身边的"小棉袄"，是他们最可信任的亲人。近30年来，小刘对他们不离不弃，真情守候，她用实际行动践行了"终身纯洁、忠贞职守、务谋病者之福利"的《南丁格尔誓言》和"恪守宗旨、救死扶伤、尊重生命"的医疗卫生职业精神。小刘曾荣获湖南省首届"圣辉麻风病防治奖"、全国"白求恩奖章"，被誉为"中国好人""湖南好人——每周一星""最美湘女"。2016年5月以来，她的事迹先后被《人民日报》、中国文明网、新华网、《湖南日报》、湖南卫视、《三湘都市报》等80多家媒体相继报道，是近年来涌现的益阳医专优秀校友群体中闪亮的一颗新星。她的故事逐渐被人们所熟悉，她的精神也激励和鼓舞着益阳医专近万名师生。

人总是要有所选择的。不远万里来到中国，奋不顾身地支持抗战事业，这是伟大的国际主义战士白求恩的选择；放弃城市、扎根深山，立志为麻风患者服务终生，这是平凡的麻风病护士小刘的选择。小刘的人生选择，其种子是父亲埋下的。1983年，她的父亲就是"麻风村"的医生。在身边的小伙伴们都被教导"离那些麻子远一点"的时候，她却跟在父亲身后，看着他给患者治疗。人手不够时，她还能帮点小忙。1990年，19岁的小刘从益阳卫生学校（益阳医专前身）毕业，面临着第一次选择。她成绩优异，温婉可人，很受用人单位欢迎。本有机会在益阳乃至长沙工作的她，却毅然选择回到自己出生的地方，继承父亲衣钵，做一个光荣的"麻二代"，从此开始了她的麻风病护理生涯。

2010年，小刘再次面临选择。丈夫调到190多里外的县城任教，她抵不住家人的软磨硬泡，只好答应调往县疾控中心。县城工作的日子固然轻松，可她总感怅然若失。她意识到，自己的喜怒哀乐，早已和"麻风村"交织在一起了。几个月后，在周围人的诧异目光中，她重返了"麻风村"。她的执着感动了丈夫，他也选择回到大福，与妻子一同坚守。

那么，坚守"麻风村"的小刘，每天都在做些什么？给麻风患者的疮口换药，这是皮防所护士每天的必修课。那变形的肢体、歪斜的口角和溃烂流脓的疮口，看一眼都令人心惊肉跳。难怪皮防所留不住人，经常面对这些患者，那些娇滴滴的小姑娘哪里受得了啊！可小刘给患者换药时，不仅面色如常，而且非常温柔地和患者聊家常，令人不得不佩服！小刘初到所里上班时，为患者换药的只有她一个人。她每天都要换着患者到换药房，拆纱布、清洗溃疡、消毒、上药、包扎。为让患者换药时更舒适，细心的她找人定做了架腿的支架，而她自己却一遍遍地弯下腰，不厌其烦地履行着一道道换药程序。她告诉新来的护理人员：麻风病患者的溃疡护理要格外细致，他们因为神经受损的缘故，溃疡处大多没有知觉，容易反复发作，医护人员不仅要细心护理，还需定期检查，不能懈怠。患者们都说："她真是比亲人还亲啊！"

与麻风病患者相处久了，小刘了解到，他们的痛，不仅源于身体的病，更源于社会的误解和歧视。为此，她和同事们一起，翻山越岭，走村串寨，宣传麻风病防治知识，排查潜在的感染者。她还坚持到益阳市各个乡镇举行麻风病防治科普知识讲座，告诉大家麻风病没有想象中的那么可怕，治愈后就不再具有传染性。在皮防所和小刘的影响下，附近村民开始主动和麻风病患者接触，邀请患者去家里喝茶，不少人还和患者结婚，并育有健康的儿女。以前在村民们眼里是禁地的"病村"，现在已经成了附近跳广场舞最热闹的地方。

"对麻风病患者而言，因为偏见和歧视，无论是在故乡还是异乡，他们都很难找到自己的容身之地；无论是亲人还是友人，他们都很难找到托付之人。我们皮防所就是他们的容身之地，我们麻防工作者就是他们的托付之人。这就是我坚守的理由。"这是"中国好人""白求恩奖章"获得者小刘的肺腑之言。

实践训练

1.作为一名新时代的医学生，你会选择哪种就业方式？为什么？

2.在你身边，有同学去西部、基层就业的例子吗？他们是如何实现自己人生价值的？你如何看待大学生到基层就业？

（张　凡）

第四章　医学生职业与发展规划

📖 章首语

　　作为在校的医学生，我们要谨记自己肩负的重任，全面认知职业和所学专业的相关知识，根据现代医药卫生行业发展的趋势与要求认真制定职业生涯规划，使大学阶段的学习有目的、有措施、有进展，为保障人类的健康做出应有的贡献，为医疗卫生事业的发展添砖加瓦。

📖 学习目标

　　1.认识职业对个体生活的重要意义，关注自身的职业发展。

　　2.明确大学生活与未来职业生涯的关系，制定职业生涯规划的基本概念和基本思路。

　　3.了解所学专业的特点。

❓ 案例

认清专业，早做规划

　　刘同学，益阳医学高等专科学校护理专业2015级学生，专升本考入湘南学院，本科毕业后决定继续考研。

　　记得刚入学的时候，刘同学还是一个抱着得过且过想法的年轻人，一心盼望着赶快毕业找份工作。随着对专业课学习的深入，刘同学慢慢改变了对护理专业的看法，更加尊重护士这个职业，也更加热爱这个职业。对专业和职业有了更进一步的认识后，她决心踏实学习，为就业打下良好的基础。理论知识是实践操作的前提，刘同学知道护理不单单是几个简单的动作，明白它的原理，才有助于在这个领域获得更好的创新。

　　经过一年的实习，刘同学认识到：无论在哪个医院实习，都要虚心好学，不懂就问；要踏踏实实工作，任劳任怨，认真对待每一个患者和每一项操作，因为稍有疏漏，就有可能在护理过程的某个环节上出现问题，导致护理差错或事故发生。她懂得要增强自己的法律意识，树立法治观念。要强化职业规范意识，学习护理行为规范，因为护理操作的准确规范以及护士的言行举止都会影响患者的身心。作为一名护理专业的实习生，要有责任感，要善待每一位患者，理解每一位患者，从患者的角度去看问题，从实际出发更好地去服务患者。作为一名护士，沟通的技巧随人、家庭情况、患者病情、时间、地点、条件的不同有所区别，要建立良好的护患关系，除了要注意语言沟通技巧外，还必须掌握非语言沟通的知识，并在临床中应用，从而提高整体护理的水平。

在护理实习中，刘同学深刻认识到，自己虽然只是一名微不足道的护理人员，但是只要用真心对待每一位患者，让他们康复出院，就是在做平凡而伟大的事情。

分析　案例中的刘同学对护理专业和职业有了深入的认识，从而确定了自己的目标，制定了学业规划，很好地掌握了专业理论知识，提高了实践操作能力，提升了职业道德素养，树立了法治观念，建立了良好的护患关系，并在临床实践中提高了整体护理的水平。

第一节　职业与职业发展

一、职业

随着社会的发展，职业所涵盖的门类越来越广泛，职业与人们生活的联系也越来越紧密。从进入职业院校学习开始，我们就与职业结缘，了解职业知识、尝试职业活动。不久的将来，我们还将以"准职业人"的身份从学校走向社会，开始我们的职业生涯。

（一）职业的概念与特征

从踏入社会做第一份工作开始，我们每天将有三分之一的时间在职场中度过。我们不仅要通过职业维持生活，还要通过职业实现人生的价值。那么，什么是职业呢？

职业是指人们从事的比较稳定的、有合法收入的工作。能称为职业的工作必须具备三个条件：①有专门的分工；②比较稳定，从事某种工作达到一定的时间；③有一定的合法收入。职业的基本特性是职业划分的基础。通常而言，职业具备以下几种主要特征。

1.专业性与技术性　职业产生的前提是社会分工，分工的目的是使生产专业化、技术化、熟练化，从而提高单位时间产品的数量和质量，因此职业的第一特征就是工作岗位的高度专业化和技术化。不同职业的工作性质和内容存在着很大差异，正如俗话所说——"隔行如隔山"。不同的职业所需要的专业知识是不一样的，在进入职业之前每个人都需要进行学习与培训，掌握相应的专业知识与相应的技能。

2.稳定性与发展性　社会分工使得各行各业成为社会中不可缺少、不可替代、相对独立的行业部门，同时又使得这些行业、部门具有相对的延续性和稳定性，即它们在很长的历史时期都完成同样的社会工作，承担着相同的社会职责，具有相同的职业对象、工作模式、技术要求等。许多职业一旦产生，将长久存在，例如医生、教师、作家、律师等。但是职业的延续性与稳定性是相对的，当一种工作不再被社会需要，或与其他行业相合并，这种职业也就成了历史。从社会发展的趋势来说，新出现的职业的数量必然大于被淘汰的职业的数量。这从另一个方面也体现出了职业的发展性特征。

3.有酬性与一致性 职业是在"雇佣劳动"的基础上发展起来的，因此职业的概念不仅体现了分工，还体现了有偿劳动和有酬劳动，即不同的职业、不同的岗位、不同的职称、不同的职务等级有不同的工资、津贴、奖金等收入标准。这些收入标准在劳动力市场上是作为职业的权利与职责联系在一起，供求职者自由选择的，并以劳动合同的形式为招聘方和应聘方所确认，受到劳动管理部门和法律的保护。说到职业，除了对工作职责进行描述之外，必然也包含着该职业的收入水平。工资体现着付出劳动、获得收入的经济关系，这也是社会主义按劳分配原则的一种体现。

（二）职业对个体生活的重要意义

人为什么需要职业？马克思说过"人的本质是劳动"，人生除了基本的生存需要和安全保障之外，最重要的是劳动（工作）、家庭生活、社会交往、个人生活的要求。这其中工作占了最大份额，职业发展的好坏可直接影响个人成长、生活品质、家庭和谐和恋爱交友等。没有职业的人生是苍白的。职业对于我们每个人的生活、发展及自我价值的实现有着重要的意义。

1.维持生计 职业乃谋生之必需。人们必须通过在职业劳动中获得个人收入来维持生计，满足自己生活上的各种需求。人类社会的生存与发展都是基于劳动创造实现的，没有社会上每个人的劳动创造，也就没有人类社会今日的进步与发展。在现实社会中，为取得一定的报酬而作为生活来源的那一部分劳动，即职业劳动。人们通过参加一定职业岗位上的职业劳动获得劳动报酬，满足谋生的需要，同时也积累了个人的财富。

2.促进个性发展 职业活动对于人的个性发展有着重要的促进作用。每种职业都有其独特的活动结构，对从业者在生理和心理方面都有特定的要求。在职业活动中，个人的智力、体力、知识与技能水平都能得到充分的发挥与提高，从中满足自我实现的需要，使个性得到进一步发展。从某种意义上来说，职业还对人们具有塑造的作用，它甚至会影响各种职业人为人处世的风格。

3.为社会做贡献 人们在职业活动中，个人在获得谋生的生活资料的同时，也为社会创造了财富。现代社会的劳动有着十分明确的分工，一个人只能从事某种具体的劳动，不可能从事所有的生产劳动。只有通过各自劳动成果的交换，才能满足彼此的需要。这种平等地相互交换劳动成果的过程，也体现出了对社会和国家所做的贡献。

美国心理学家亚伯拉罕·马斯洛于1943年提出了著名的需求层次理论，把人们的需求从低到高分成生理需求（衣食住行）、安全需求、归属与爱的需求、尊重需求和自我实现需求五类。一般而言，某一层次需求相对满足了，就会向更高一层次发展，追求更高一层次需求就成为驱动行为的动力。职业对于个人的意义符合马斯洛需求层次理论的原理，在不同层次，职业对于个人的意义是有所差异的。

（三）专业与职业

1.专业　根据学科分类和社会职业分工的需要分门别类地进行专门知识教学活动的基本单位。按照专业设置组织教学，进行专业训练，培养专门人才，是现代高等教育的重要特征之一。关于专业设置，有以下几点要求。

（1）专业设置有人才培养规格的要求。

（2）专业设置兼顾了职业群的要求。

（3）专业受社会需求发展变化的制约。

2.专业与职业的关系　专业是学业门类，职业是工作门类。

（1）个人的职业发展一直在所学专业的领域内，选择的职业与学习的专业相吻合，便能够做到学以致用。

（2）以专业为核心发展职业，个人的职业发展以所学专业为核心，向外扩展。这种情况下，选择的职业与学习的专业虽然方向一致，但职业发展超出所学专业领域，需要根据自己的职业规划，在学好专业的基础上通过选修、自学，提高自己的职业素养。

（3）以专业为基础发展职业，个人的职业发展在所学专业基础上有重点地沿某一方向拓展。所学专业在个人职业发展中仍有重要意义，需要在职业生涯规划的指导下，在学好本专业的基础上，同时辅修或自学自己规划要从事的其他专业课程。

（4）个人规划要从事的职业与所学专业基本无关，所学专业的某些方面在个人职业发展中有一定的重要性，但方向并不一致，这时应尽早调整专业，若为时已晚，则应辅修其他专业。

事实上，大学毕业生要找到与自己专业完全对口的工作并不容易。据调查，"与专业有关系但非本专业完全对口的工作""专业完全对口"和"与专业根本没有关系的"各占43%、26%、31%。因此，我们在看待专业与职业对口的问题上，不必过分较真。其实，大学里的任何一个专业相较于职场中的具体工作岗位来说，都是一个大范围的概念。以药学专业为例，仅在市场方面，岗位就细分为药物研发、制剂、质检、临床药学、药品生产、流通及销售等类别，各项具体工作在专业素质和性格匹配上均有不同的要求，也就是说，一个专业对应着多个具体的工作，我们要善于寻找专业与职业的相交点。

如果遇到所学专业与职业目标确有差距的时候，我们可以试着从以下方面着手解决。首先，重视用实践经历弥补不足。很多学生开始大学学习以后，常常发现所学的并不是自己感兴趣的，而且专业调换难度较大。这部分同学可以通过旁听或自修课程，寻找相应公司实习等，多积累实践经验。这样找工作的时候，虽非专业出身，但也具备很强的就业竞争能力。其次，寻找资源从内部开始转变。工作几年了的人如果确有转行的想法，在慎重考虑之后可以先在单位内部寻找机会。从人力资源的角度看，在内部转岗比较合理，因为现单位对员工比较了解。所以，如果想换到某部门，可以利用各种机会和该部门的员工沟通，了解他们的具体工作内容，同时也为自己职业转向创造条件。再次，要用阶段目标规划职业生涯。每个人在人生的不同阶段职业目标都可能不一样，也不可能只从事一种工作。所以，无论你所学如何，都应该及时调整自己的心理定位，冲破专业与职业的藩篱，为自己创造更多的机会。

俗话说"三百六十行，行行出状元"，做出了正确的选择后就要坚定不移地走下去，不要"这山望着那山高"。医学生尽早认识职业，有目的地学好专业，是顺利就业、实现人-职和谐匹配的关键。

二、大学生活对职业生涯发展的影响

大学生活是丰富多彩的，也是紧张有序的，尤其是将其与今后的职业发展联系起来时，时间与学习机会都会变得愈加珍贵。大学生只有做好了大学生活规划，才能坦然地面对大学和未来的生活。如今的招聘单位，对学历要求高、对个人素质要求高、对实践经验要求高，因此，在学校里努力学知识、在成长中提升自己的素质、在实践中获得经验，是一名优秀大学生必不可少的三项任务。所谓"大学生活规划"，是指学生结合自己实际情况和大学环境等因素，为自己确立在校期间的学习、生活以及择业和就业的计划和打算。大学阶段是一个人的世界观、人生观、价值观形成的重要时期，尽早做好大学生活规划，其重要性和必要性不言而喻。大学生活大体上可以分成专业学习、社会活动和课外活动三个部分。无论是哪个部分，它们都将共同帮助学生构建知识、培养能力、提升素质。如果把专业学习比作"机身"，那么社会活动和课外活动就是"双翼"，三者缺一不可。

（一）专业学习对职业生涯发展的影响

1.选择适合自己的专业有利于将来的职业发展　根据职业生涯发展理论，15~22岁的这个阶段是职业准备期，大学学习基本上也正好处于这个阶段。专业背景和工作经验是绝大多数用人单位非常关注的问题，因此，具备相关专业背景，对于找到自己喜欢的工作是较为重要的，用人单位也倾向于招聘专业对口的毕业生。调查显示，在49%的公众眼中，专业选择会影响今后的就业乃至前途；34%的人认为，专业即便不是"千钧之重"，也是颇有分量的。越早一步确定职业目标，打下坚实的专业基础，就越有利于职业的发展。

2.精深的专业知识是职业发展的核心竞争力所在 大学教育以培养专业性较强的人才为目的，要求大学生在学好文化基础课的同时，也要对专业知识或某一专业方向进行较为深入的学习和研究。专业知识是大学生知识结构的核心部分。随着现代科学技术的迅速发展，现代职业的分工越来越细，职业的种类也越来越多，对从业者的能力和知识结构、专业素质的要求也越来越高，越来越具体。拥有与从事职业相关的精深的专业知识是职业发展过程中实现生涯目标的核心依据。

3.专业知识和综合素质为职业发展之本 随着社会行业、职业结构调整速度的加快，医学毕业生在择业、就业上已不可能"从一而终"，也不再是"服从分配"，职业岗位变动的情况不可避免。基础知识和综合素质作为知识结构和实践能力的根基，是每个医学生的职业发展之本。

（二）社会活动对职业生涯发展的影响

社会活动既是医学生由学校走向社会的一个很重要的锻炼环节，也是教育与实践相结合的具体体现。社会活动一般包括社会调查、社会实践和青年志愿服务等活动。这些活动接触面广、形式多样。开展这些活动，不但能使学生从中吸取丰富的营养，而且能为社会做出应有的贡献。医学生的职业发展要适应时代要求，不仅要具备丰富的专业知识和高超的业务水平，更要具备一定的社会实践能力。

1.社会活动的积极意义

（1）有利于医学生了解国情、了解社会，增强社会责任感和使命感。现代医学生，大多是在书本知识中成长起来的，而社会的复杂程度，远不是读几本书、听几次讲座、看几条新闻就能了解的，社会实践活动则为他们打开了一扇了解社会的窗。益阳医专各个系部均会利用寒暑假组织大家开展社会实践，如临床医学系编写的《医海拾贝》刊物，就是将同学们的社会实践活动成果汇编成册，供大家分享；护理系坚持多年的志愿者活动，则成了省市志愿服务的品牌。通过参加社会实践活动，我们能够更深入地贴近实际、贴近生活、贴近群众，更加深入地了解现阶段的国情和社会现状，从而增强社会责任感和使命感，开阔视野，感悟医学的神圣，增加对医学职业的认同度和自豪感。

（2）有利于医学生理论知识的转化和拓展，增强运用知识解决实际问题的能力。虽然益阳医专护理系、临床医学系开始实行"1+1+1"人才培养模式探索，但大部分医学专科学校大多数专业采用的还是"2+1"的人才培养模式，即两年在校学习加一年实习。专业教育以课堂的理论学习为主，但这些理论知识并不能代表医学生的实际技能，难以直接运用于现实生活之中。社会实践使医学生接触社会和自然，获得大量的感性认识和许多有价值的新知识，同时能够把自己所学的理论知识与接触的实际现象进行对照、比较，把抽象的理论知识逐渐转化为认识和解决实际问题的能力。"纸上得来终觉浅，绝知此事要躬行"，说的就是这个道理。

（3）有利于医学生增强适应社会、服务社会的能力。社会实践活动使医学生广泛地接触社会，了解社会。通过不断地参与社会实践活动，医学生在实践中不断动手、动脑、动嘴，直接和社会各阶层、各部门的人员打交道，培养和锻炼实际的工作能力，并且在工作中发现不足，及时改进和提高，更新知识结构，获取新的知识信息，以适应社会的需要。

（4）有利于医学生提高个人素养，完善个性品质。社会实践活动现场是考验医学生修养品性的最好环境。学校志愿者服务大队经常走访敬老院和福利院，为孤寡老人和孩童送去生活物资，并给他们提供医疗卫生服务。系部也会经常组织老师和学生深入社区和街道，为普通百姓提供义诊服务，开展健康宣讲。在平凡而伟大的人民群众面前，大学生身上的"娇""骄"二气会逐渐得到克服。如果这种实践活动较多，并且能深入下去，那么医学生在积极参与的过程中，就会逐渐养成坚忍顽强的优良品质，养成务实的学习态度和生活作风，同时也培育了甘于奉献、助人为乐的社会公德。

2.社会活动对职业发展的作用

（1）以职业要求为镜子，形成自我认识。医学生的成长一般都是从学校到学校，接触社会、接触医疗卫生事业第一线的机会较少。医学生走出校门，到与自己专业相关的单位进行实践活动，有利于了解自身存在的问题和不足，形成对自我和职业的正确认识。如药学系和医学检验系组织学生深入企业参观，了解药物生产、制作、销售的流程，了解检验设备的功能和操作，从而清楚地认识到从事相应工作需要具备哪些素质和能力，哪些知识是在学校可以学到的，哪些是需要在课堂以外通过自己主动学习得到补充的。通过劳动体会工作的快乐与艰辛，体会团队合作对成功的重要性。带着这些认识回到学校，就可以有针对性地查漏补缺，进一步强化自己的优势，弥补自身存在的不足，促进自身综合素质的提高，增强就业的综合竞争力，并形成良好的职业观和价值观。

（2）以社会需求为标尺，确定职业定位。医学生的实践活动是职业生涯的"导入期"，其目的就是为以后走上社会和工作岗位做准备。通过实践活动，结合一些职业发展规划测评系统的测试，可以使医学生主动分析自身适合的职业发展方向，并根据自身的专业、兴趣以及社会实际需求确定今后的职业发展定位。社会的实际需求是医学生成功就业的基础。通过实践活动，有利于提高医学生对就业形势、难度和需求情况的认识，自觉调整择业、就业的定位，使个人的发展空间、待遇等方面的期望值更加符合用人单位的实际，主动适应用人单位对人才的要求，缩小两者间的差距。

（3）以职业体验为基础，强化角色适应。适应社会是指个体在社会认识和社会生活的基础上，不断调整和改变自己的观念、态度、习惯、行为等，以适应社会的要求和变化。适应的实质，就是个体由自然人向社会人的转化。从学生到医务工作者的角色转变是每一位医学生必须经历的重要环节。学校对医学生的要求主要侧重于学生的思想品德、学业成绩、专业技能及身心素质等综合素质和共性要求方面，用人单位则在注重医学生综合素质的前提下更侧重于不同职业岗位的特色要求。医学生在走上工作岗位之前应该对医学行业有一定的认识和了解，为实现从普遍性向特殊性的转化做好相应的准备，并在就业后将自身的努力与单位的发展有机地统一起来，从而为自身的职业发展奠定良好的基础。要真实地了解掌握本专业、行业单位对医务工作者的角色要求，较好的途径就是到相关单位进行实践。通过实践，较全面地了解单位对医务工作者的要求，特别是对一名行业初学者有哪些具体的要求，并主动地根据自身的实际情况有意识地进行调整、发展、提高，从而初步完成从大学生到医务工作者的角色转变，具备实现职业发展的基本素质。

（4）以职业活动为平台，积累经验阅历。通过实践除了可以掌握单位对某个岗位的特定要求外，还能了解到单位对其他岗位的要求，对处理与客户、上级、同事等方方面面人际关系的要求，以及完成岗位职责所需要的专业知识和实际运用能力、组织管理能力、适应能力、表达能力等各个方面的能力要求。许多用人单位在招聘时往往要求应聘者具有1～2年的工作经验。用人单位之所以提出这样的要求，其目的就是要求应聘者对职业具有初步的认识，亲身体会履行某个岗位职责需要的职业素养，其实质是希望高校在学生培养过程中加强职业素质培养，使毕业生尽快进入职业角色，降低用人单位职业培训成本。如果大学生认真地参与过社会实践，并在实践过程中得到了一些深刻体会，那对今后的工作和生活是非常有帮助的。

3.参加社会活动需把握的三个"平衡" 社会活动对大学生职业发展的积极影响显而易见。然而，对以求学为目的的大学生而言，社会活动又是一把"双刃剑"，如果处理不当，将会导致大学生活"失衡"。大学生在参加社会活动的时候，需要把握三个"平衡"。

（1）在学业和社会活动之间找到一个平衡点。有些同学投入过多时间和精力在社会活动上，甚至在上课时间也参与社会活动，社会活动开展得"风生水起"，学业成绩却"大红灯笼高高挂"，导致无法正常毕业。这种本末倒置的做法，是得不偿失的。在学业和社会活动之间，我们必须坚持以学业为主、活动为辅的原则。

（2）在获取知识和获取利益之间找到一个平衡点。在大学生当中，一部分人对关于参加社会活动获取知识经验重要，还是获取直接金钱利益重要认识不清、取舍不当，从而导致失衡。相当一部分人落入金钱利益的怪圈，迷失了参加社会活动的出发点。最优的选择是在二者之间找出平衡点，通过参加适度的社会活动，实现"鱼和熊掌皆可兼得"。

（3）在锻炼能力和保护自我安全之间找到一个平衡点。社会是一个聚宝盆，同时也隐藏陷阱。每年都有不少学生因为参加社会活动受到伤害，如被骗取钱财、陷入传销陷阱等。在参加社会活动锻炼自身能力的同时，一定要保持清醒的头脑，理性、理智地保护自我，谨防上当受骗。

（三）课外活动对职业生涯发展的影响

课外活动是指学校在课堂教学任务以外，以育人为宗旨，以培训学生基本技能和提高学生综合素质为重点，以丰富的资源和空间为载体，有目的、有计划、有组织地对学生开展多种多样的开放性教育活动。主要包括思想教育活动、文体竞赛和表演活动、科学技术活动、技能培训活动、咨询服务活动、社会实践活动等。大学课外活动是高校整个教育教学活动的重要组成部分，是课堂教学的重要补充，是学生课余生活的良好组织形式，是大学环境育人的重要内容。开展课外活动是为了实现教育目的，促进学生身心发展，培养全面发展的社会主义建设者和接班人。同时，课外活动强调以育人为中心，以学生为主体，促进医学生的思想教育、技能培养、素质提高，强化学生的主体意识、成功意识、成才意识，对医学生职业发展也有不可估量的作用。

1.提高学生的思想道德素质　各种课外活动，如社会政治活动、学生社团活动、文化科技活动、各种劳动、各种艺术活动、体育运动等，还有高校举办的各种学习班、培训研讨班，以及学生自发组织的理论学习会、社会科学协会等学生理论社团，开展的读（原著）、听（报告）、讲（讨论）、写（心得）活动及各种演讲会、辩论会、征文比赛、知识竞赛等，都具有思想教育的功能，能够提高大学生的思想道德素质。

2.提高学生的科学文化素质　多种多样的课外活动，特别是文化科技活动、学生社团活动、校外科研实践活动、各种形式的读书活动、科技创新活动、知识竞赛、科技成果展览、科研课题研究等，都有助于学生智力的开发。这些活动，一方面可以帮助学生加深对教学内容的理解，另一方面有利于大学生运用所学知识解决实际问题，加深理论和实践的联系，促进其人格培养和创新能力的开发。

3.增强学生的生理心理素质　校园文化艺术节活动、校运会、女生节活动等课外活动，减轻了医学生的学习负担和不必要的压力，有利于提高学生的社会适应能力、心理承受能力，促进医学生身心素质的整体发展。医学生在课外活动中以活动成功为中心、以提高素质为宗旨、以培育友谊为原则，检验自我、充实自我、锤炼自我，从而达到身心全面发展、人格不断健全的目的。

4.培养学生的适应能力　课外活动不仅可整合课堂的知识，更重要的是集品德、知识、能力、身心健康于一体，进一步激活了知识与实践结合的过程。学校经常开展诗歌朗诵比赛、演讲赛、辩论赛、多媒体课件比赛、技能操作大赛等课外活动，充分调动医学生的主观能动性。大学生在主持、组织和参与课外活动中，自然而然地培养了组织管理和社会交际、互相合作的能力。

5.发展学生的兴趣和特长　课外活动为培养学生的多方面兴趣提供了广阔天地，如歌舞比赛、书画比赛、演讲比赛、篮球比赛、足球比赛、棋类比赛等，皆是学生成才的最佳锻炼机会。这些活动，既包容了各种不同性格、气质的学生，让其各展所能，各尽其才，相得益彰；又调动了学生个体的能动性，充分挖掘学生个体的潜能，使学生个性与能力充分结合，从而达到自我完善、自我良性发展的目的。

益阳医专现开设书法、演讲与口才、瑜伽等素质拓展班（第二课堂）13个，成立了红十字协会、营养与烹饪协会、篮球协会等学生社团26个，极大地丰富了学生的业余生活，更重要的是让学生在兴趣爱好的基础上发展特长，提高个人综合素质，从而增强就业竞争力。很多用人单位在提及益阳医专毕业生的时候，基本上都是用多才多艺来形容，对益阳医专素质拓展班（第二课堂）的开设大加赞赏，医院护士节、医师节等重大舞台上总能看到益阳医专学生的风采。南方医科大学南方医院各项比赛的啦啦队基本上以益阳医专实习同学为班底搭建，解放军陆军总医院（广州军区广州总医院）的军乐队中我校学生的身影也是频频出现。通过素质拓展，一方面提高了学校的知名度和美誉度，另一方面也为学生就业提供了极大的帮助。很多同学就是因为具备一种或多种特长，实习时被医院或用人单位看中，从而获得了留院工作的机会。

第二节　了解各专业的就业方向

正确认识专业就业方向，有助于帮助学生更好地自我定位，把握就业目标，从而制定切实可行的职业生涯规划。根据市场需求和益阳医专往年各专业毕业生就业情况的统计，各专业的基本就业方向，归纳总结如下。

1.临床医学专业　该专业毕业生的就业单位主要集中在基层医疗卫生机构和民营医院，此外，部分医疗器械企业、医药企业、美容整形机构和保险公司也会招聘临床医学专业的毕业生。

2.口腔医学专业　该专业毕业生的就业单位主要是民营口腔连锁医院和诊所。

3.药学、中药学、药品质量与安全、药品生产技术、药品经营与管理专业　以上五个专业的毕业生就业单位主要是药品生产企业、药品零售企业、食品药品监督机构和医院药房。

4.护理、助产专业　该专业毕业生的就业单位主要是县级及县级以下的医疗机构、部分三甲医院、民营医院、整形美容机构、养老服务机构和育儿保健机构。

5.医学检验技术专业　该专业毕业生的就业单位主要是县级及县级以下医疗机构、民营医院和从事检验检测的公司、企业。

6.康复治疗技术专业　该专业毕业生的就业单位主要是县级及县级以下医疗机构、民营医院和康复治疗诊所。

7.眼视光技术专业　该专业毕业生的就业单位主要为县级及县级以下医疗机

构、民营眼科医院、视力纠正机构等。

8.健康管理专业 该专业毕业生的就业单位主要是城乡基层社会服务机构、大型企事业单位和大型餐饮企业。

9.医学影像技术专业 该专业毕业生的就业单位主要是县级及县级以下医疗卫生机构及部分医疗器械企业。

10.婴幼儿托育服务与管理、智慧健康养老服务与管理专业 这两个专业毕业生的就业单位主要是各级、各类婴幼儿托育机构和各级、各类养老机构与服务中心。

第三节　制定大学期间生活成长规划

许多同学在中学时代就强烈希望自己能过上独立的生活，远离父母的监督。但进入大学，真正过上了独立自主的生活，生活环境相对宽松了，却又发现所要面对的问题之多、困难之大是始料未及的。这就需要我们培养独立意识，制定大学生活规划，避免生活陷入混乱。

一、养成良好的生活习惯

习惯拥有巨大的力量，好的习惯使人立于不败之地，坏的习惯可以毁掉人的一生。事实上，成功与失败的最大分界，来自不同的习惯。好的习惯是开启成功的钥匙，使人在生命的历程中少受自然法则的惩罚，在成长的过程中多一些阳光雨露，促使人不断完善自我，孕育出一个全新的自我。与此相反，坏习惯的破坏力量也是巨大的、惊人的。培养良好的生活习惯可以从以下几个方面入手。

（1）培养自主学习的习惯。

（2）培养善于思考的习惯。

（3）培养经常运动的习惯。

（4）培养"今日事、今日毕"的习惯。

（5）培养按时用餐、规律作息的习惯。

二、培养健康的兴趣爱好

兴趣是一个人力求认识、掌握某种事物，并经常参与该种活动的心理倾向。兴趣是最好的老师，对人的发展有一种神奇的力量。人们对某种职业感兴趣，就会对该种职业活动表现出肯定的态度，在工作中充分发挥积极性，开拓进取，努力工作；反之，强迫自己做不愿意做的工作，对精力、才能都是一种浪费。

三、树立正确的青春期交友观

1.结交知心的朋友 随着年龄的增长，大学生需要有人分享自己的思想、情感、理想。与同学谈及自己的人生价值观，彼此之间可以互相帮助、共同进步。处于青春发育成熟期的大学生，心中对朋友的定位已经不再是所谓的玩伴了，而是在个性上可以相互影响并且互相尊重，心理上能够产生共鸣的知心朋友。

2.正确处理同学之间的矛盾　大学同学来自五湖四海，有不同的语言和生活习惯、不同的兴趣爱好和特长，同在一个班级、一个寝室，难免会产生纠纷和矛盾。在遇到此类问题的时候，所有同学都应该要冷静地思考和处理，切忌为了鸡毛蒜皮的事情而伤害了宝贵的同学感情。同学毕业后，就能体会到这段情谊重于山峰，深似大海。

3.树立正确的恋爱观　在高校，大学生谈恋爱是一种常见的现象。一般来说，恋爱问题是每个人人生道路中都要面对的必修课，处理得好坏往往关系到人一生的命运。在校大学生虽然生理发育已基本成熟，但由于涉世不深，对于恋爱带有相当大的盲目性，常常不能正确处理恋爱和学习、亲情、友情的关系。学校不反对大学生谈恋爱，但是也不赞成大学生急于谈恋爱。特别是在实习阶段，远离老师和家长的监管，面对复杂的社会，很多同学经受不住外界的诱惑，谈了一场"假恋爱"，到头来荒废了学业，耽误了青春，有的甚至破坏了别人的家庭，触及法律和道德的底线，害人害己。大学生应该树立"自尊、自重、自立、自强、自爱"的恋爱观，正确地看待爱情。

第四节　制定大学期间能力培养规划

在经历了盲目地追求高学历人才的潮流之后，用人单位在招聘时重新回归理性，更注重医学生的能力。那么医学生应该具备哪些能力呢？

一、自我决策能力

自我决策能力是一个人能否独立思考、果断处事和独立完成某项工作的能力。对于即将毕业走向社会的大学生来说，面临求职择业，别人的意见和忠告各种各样，最终还是要靠自己决定，这就是对自我决策能力的一次检验。在未来的工作中，每一件事情、每一个问题以及它们的变化进展都不可能像在学校那样有老师给予指导，而必须靠自己迅速做出决定，及时予以处理。因此，具有良好的自我决策能力对医学生就业是十分重要的。大学时期，制订切实可行的各项计划并实施就能很好地培养自我决策能力。这些计划包括学习计划、经费开支计划、能力培养计划等。既做计划的制订者，又做计划的执行者，根据自身的实际情况安排学习和生活，就是一个完整的独立思考并工作的过程。

二、社会适应能力

适应社会和改造社会是对立统一的两个方面。适者生存，生存正是为了发展。

对社会和环境的适应，应该是主动的、积极的适应，而不是消极的等待和对困难的妥协，更不是对消极现象的认同。医学生只有具备较强的社会适应能力，走向社会后才有可能缩短自己的适应期，充分发挥自己的聪明才智。要适应社会就要多接触社会。学校每年都会安排类似"三下乡""志愿者送爱心""社区义诊"等社会实践活动，一方面是为了锻炼医学生的实践能力，另一方面也是让医学生深入社会，深入群众，积累工作经验。

三、创新能力

创新能力包含几个方面，即找问题、出思路、想办法、巧实现、能表达。目前学生中广泛存在表达能力不够的缺陷。有时做的东西很好，但就是表达不好，讲不出来。"讲"需要有逻辑性，要把所做的事情提炼到应有的高度。表达不仅包括讲还包括写，以及多种多样的表现形式，比如多媒体、动画等。演讲与口才、写作、古文诗社等素质拓展班就能很好地帮助医学生提升语言表达能力和逻辑思维水平。

四、实践操作能力

实践操作能力是将知识转化为物质力量的方法，是专业工作者必须具备的一种能力。特别是医务工作者，不会操作就意味着一无用处。我们所学的所有理论知识都必须通过实践操作来实现其价值，因此一定要摆脱"重理论、轻实践"的惯性思维，不要认为考试成绩好就能成为一名优秀的医务工作者。因此，除了认真上好校内的实训实验课之外，还要利用假期参加医院见习，敢动手，多动手，这样才能尽可能地熟悉本专业的操作技能，提高实践操作能力。

五、社交能力

社交能力实际上就是与他人相处的能力。医学生步入社会后，要与各种各样的人发生这样或那样的关系，社会上的人际关系远没有学校中的同学、师生关系那么单纯。能否正确、有效地处理、协调好工作生活中人与人的各种关系，不仅影响一个人对环境的适应状况，而且影响他的工作效能、心理健康、生活质量和事业成就。因此，医学生自觉地培养良好的社交能力非常重要。学校就是一个小社会，大家同样可以在校园内提升自己的社交能力，在兴趣爱好的基础上，积极参加社团活动，结交志同道合的朋友，适当扩大自己的朋友圈。不要自己一个人独来独往，或将自己的交际圈仅局限于寝室和班级，甚至在毕业之时和同班的某些同学都没有交流过，这些都不利于自己将来的工作。

六、团队协作能力

近年来，许多用人单位在挑选录用医学毕业生时，在同等条件下，往往会优先考虑那些曾担任过学生干部的学生，因为他们具有一定的组织管理和团队协作能力，这正反映了时代的客观要求。除了担任学生干部之外，经常参加篮球、足球、排球等团队运动也能提升一个人的团队协作能力。因为一个球队有多个位置，每一个位置都有不同的要求和功能，这就需要每个位置的球员都将自己的能力发挥到最大，才能实现整个团队的化学反应，达到一加一大于二的效果。蔡同学是益阳医专2010届临床医学毕业生，在实习尚未结束之时，就被解放军第四二二医院聘用。临床医学专科生能进三甲医院工作是非常罕见的，原因就是在实习期间他积极参加医院的各项活动，经常和医院首长及带教老师一起打球，无形中增加了自己在医院领导中的印象分，虽然学历低了一点，但是医院以篮球特长的理由破格录取了他，看中的就是他平时所表现出来的团队协作能力。

⚏ 拓展阅读

一名临床医学专业学生的三年大学生涯规划书

一、学习方面

1.专业课　抓紧时间学习与临床医学有关的知识和理论。学医离不开背诵识记，以及自己的领悟和实践。希望通过三年的学习，系统地掌握医学知识，为更深入的临床学习和临床实践奠定坚实的基础。

2.非专业课　学好电脑办公软件，提高自己的英语和计算机操作水平，让自己在社会竞争中保有优势。兼修与医学有关的养生和保健方面的知识，这样既可以保健自己，也可以服务他人。

二、生活方面

用三年的时间与班里的同学相互了解，学会在班级中学习生活，以便未来在社会利用到自己在大学中所学会的人际交往能力。

多向师兄师姐们请教关于专业课的知识，让他们或成功或失败的经验来为自己指引前方的学习生活之路。听取他们的一些教诲，同时也要积极地提升自己的能力，不让师兄师姐们对自己有居高临下的感觉，而争取在我们共同的学习探讨中，让他们感受到我具有做好某些事情的能力，在平等的竞争中学会合作，共同进步。

开始阶段要多遵循老师在学习方面的教诲指导，学习他们务实严谨的工作作风，感受他们的学术风格。在以后循序渐进的专业学习中与老师形成一种有利于自我发展的师生关系。起码要让超过5位以上的老师深深地记住自己，得到他们在学习和日常生活中传授的多方面的知识。

通过参加学校社团和兴趣小组，广泛地认识各专业的同学，在组织和参加活动中学习课本以外的丰富知识和技能，懂得与人为善，提高自己的社交能力。在与他人一起生活工作的过程中展现自己的个性，体现自己的人生价值，让认识自己的人都记住自己曾经带给他们的快乐。

三、社会实践方面

1．校内　多在校园纪律维护和管理中发挥自己的力量。在学习生活中多为其他的同学提供适时的帮助。

2．校外　提高自己的专业服务水平，有机会就多去参加社会义教、义诊活动，服务他人的同时也提高自己的能力。同时多关注自己身处的城市，多去校外参加活动，提高自己对社会的幸福领略感。作为医学生，同时也要关注社会基层的医疗状况，在放假期间要多向家乡等边远乡镇的居民宣传医疗卫生知识，多去调研自己身边的医药卫生现状，为以后所要接触的医疗诊断提供一些帮助。我要在有限的大学三年的时间里努力学好专业课，并努力提升自己的社会责任感，做一个优秀的医学生。

四、总结

开学前半段，迅速适应大学生活，明确自己在这一年中所要走的道路，学会独立处理大学的一些事情。不断总结探索，直到接近第二学期时，开始注重自己的专业方向选取，去深入地学好最重要的几门课程。

我的三年的大学奋斗生活也许是这样的：第一学期时懒散与好奇，因暂时较为轻松的课程养成不思进取的坏习惯，后期就要懂得安定心神慢慢追赶自己落下的课程，并通过自己的后续努力收获到比别人更多的学习上的快乐。第二学期时也许会懵懂、迷惘，但在惯性的生活中仍有一份来自学习和感情的快乐，之后就有一种柳暗花明的感觉：我终于真正感受到自己对医学的执着追求了，因为在这时我已经慢慢确定了自己的专业方向。之后的两年就是学好自己专业的阶段，在此期间，我会更加专注努力，并且在学习和生活上更看得开，达到一种"入则唯我个人，出则整个社会"的境界。到那时我就会成为一个真正的有用之才，毕业时也会无悔这三年的大学生活。

实践训练

1．阐述职业的概念、特征和意义。

2．谈谈医学生在校期间应该怎样培养自己的职业意识。

3．简述专业与职业的关系。

4．写一篇未来从事理想职业的规划报告。

（汪慧英　张　凡）

第五章 医学生就业准备

📖 章首语

　　职场如战场，在现实生活中，有些人在求职的"战场"上一帆风顺，有些人却是寸步难行。医学生毕业后能否顺利找到一个适合实现自我人生价值的工作岗位，对其职业生涯影响极大。就业准备得充分与否，直接影响医学生求职的效果。医学生在求职前，一定要把准备工作做扎实，做充分。

　　近年来，医学生的就业形势日益严峻。公务员招考，企业、事业单位招聘，以及各种类型大中专毕业生供需见面会，搭建起比较广阔的就业平台，有力地促进了医学生就业。但是应该看到，目前传统的就业渠道越来越狭窄，就业难度不断增大。医学生必须做好就业准备，包括就业规划准备、就业心理准备、职业能力准备和求职材料准备等，以适应社会发展需要，拓展就业思路，尽快找到适合自己的工作岗位，顺利实现就业。

📖 学习目标

　　1.塑造理性的就业观念，确立就业定位。

　　2.理解心理调适的重要作用，掌握适合自己的心理调适方法，更好地应对求职挫折，疏解负面情绪。

　　3.掌握求职过程中求职信和简历的撰写技巧；以及及时、有效地获取就业信息的方法，建立就业信息的搜集渠道，提高信息收集与处理的效率与质量。

第一节 医学生就业意识

❓ 案例

过高的就业期望

　　小陈是临床医学专业的毕业生，参加过毕业生供需见面会，也到过几家大规模的医院应聘，但都没能如愿，工作单位一直没有落实。正在这时，他家乡所在的一家县级医院要招聘人才，他的叔叔见他工作没有着落，就将他的应聘材料带去应聘。由于小陈专业对口，其他各方面条件也符合招聘要求，这家医院就拟定聘用他。然而，他本人却不愿意去，因为他的择业意向是：先去试试竞聘实力，择业单位必须是市级以上的单位，至于就业后具体做什么工作倒无关紧要。除此以外，概不考虑。在这种心态下，小陈一直没有找到工作。

分析　像小陈这样过分看重就业单位所在地和单位等级的毕业生不在少数，他的就业意识在当前毕业生的择业过程中具有一定的代表性。不少毕业生由于择业期望值过高，从而导致主观愿望与现实需求之间产生巨大落差。有调查显示，多数毕业生不愿意到条件艰苦、待遇较低的西部地区与基层就业，也没有自主创业的打算和准备。因此，只有转变就业观念，树立正确的择业观，才能适应新的就业形势。

一、树立正确的就业观

在当前形势下，毕业生的就业形势在一定时期内仍然非常严峻，即使是就业环境相对宽松的医学类毕业生，就业压力也依然很大。这种严峻的就业形势促使广大毕业生在就业前必须做好足够的思想准备。面对新的历史条件，广大医学生要正确认识自己，解放思想、破除旧的就业观念，树立正确的就业观。

（一）树立先就业后择业的就业观

当前高等教育已由原来的"精英教育"发展到现在的"大众教育"，面对当今就业市场形势，广大毕业生要转变以往"天之骄子"的思维，准确恰当定位，打破一步到位、从一而终的就业观，树立"先就业后择业"的就业观，认清就业形势，结合自身实际，降低就业期望，不必急于在短时间内找到一个固定的"铁饭碗"。另外，随着科学技术的发展，产业结构调整步伐的加快、知识更新和产业化趋势的加速，传统产业逐渐被新型产业取代。就业岗位也在不断变化，就业者必须与此相适应，树立不断进取的职业流动观念，并学会在流动中发现机会、抓住机会、把握机会，才能找到最适合自己的工作，发现最能施展自己才华的岗位。

（二）树立面向基层就业的就业观

"宝剑锋从磨砺出，梅花香自苦寒来"，没有艰苦的锻炼，没有基层工作经验和能力的积累，是很难有大的作为和前途的。在当今大城市及东南沿海发达地区就业机会日趋饱和的情况下，农村和基层的广阔天地为医学毕业生施展才华、实现理想创造了条件。作为当代医学生，应积极响应国家和社会的召唤，到基层去、到西部去、到祖国和人民最需要的地方去，接受锻炼、接受挑战。

（三）树立多渠道就业观

我国是一个发展中国家，又是一个人口众多的国家，就业难的严峻形势将长期存在。医学生就业时必须从多渠道、多门路、多方面着手。只要能发挥自己的专长和聪明才智，无论是进国家机关、事业单位，还是到外资、私营、个体企业，都有发展机会。与国有单位相比，民营单位更渴望人才，更欢迎毕业生加盟。可以说民营单位为毕业生提供了更为广阔的发展空间和舞台，在那里将有更多的机会，才华将得到更充分的施展，医学毕业生在民营单位同样可以大有作为。那种"非公立医院不进，非专业对口不干"的想法是不可取的。

（四）树立自主创业的就业观

就业是民生之本，就业涉及医学生本人和千家万户的利益。面对严峻的就业形势，国家鼓励自主创业的政策层出不穷，社会已为有志青年提供了自主创业的宽广舞台。对医学生而言，自主创业不仅是一种机会，更是一种挑战。医学生必须转变传统的就业观念，要立创业之志，走创业之路，建创业之功，树立正确的创业观。只有创业意识强烈并且思想准备充分，才能获得更大的发展机会。总之，医学生不仅要有立足创业、勇于创业的思想准备，还要努力提高自己的创业能力。通过自主创业不但可以解决自己的就业问题，还能创造更多的就业机会，以实际行动实现创业带动就业。

（五）增强竞争意识

在市场经济条件下，就业市场也同样存在着激烈的竞争，通过竞争可以寻求理想的职业，实现个人的职业理想。要想在就业竞争中获胜，必须具备雄厚的竞争实力。竞争实力包括思想品德素质、知识结构、心理素质、特长、技巧等，是一个人综合素质的体现。在公开、公平、公正的竞争原则下，要保持良好的竞争心态，积极设法寻求新的机遇，努力争取下一次就业竞争的成功。

1.**认真学习，做好知识和能力储备**　医学生学习任务繁重，要求高。医学生除了要掌握过硬的专业知识和技能以外，还要掌握必要的人文社科知识、熟练的外语和计算机应用能力、严谨的科学研究能力、良好的沟通交流能力等。因此，对医学院校学生来说，大学时光相对于需要掌握的知识和技能来说并不算长，几年的时光转瞬即逝，要学会时间管理，把主要精力和时间投入学习。

2.**修习医德，奠定仁术基础**　"医者，仁术也""健康所系，性命相托"，古今的两句话都说明了作为医务人员首先要注意修身养性，要有救死扶伤的职责感和使命感，要具有超越一般人的高尚的医德情操。纵观古今中外医学大家，无一不是德艺双馨的医家，他们用自己的言行举止诠释着医乃仁术，用自己的血汗捍卫着医道尊严。

3.**广泛接触，提高实践能力**　大学校园早已经不是封闭的伊甸园，大学培养的也不是"两耳不闻窗外事，一心只读圣贤书"的书呆子。作为新时代的医学生，在完成繁重学业任务的同时，也要善于利用一切机会和时机，勇敢地走入社会，融入社会，体察社会变迁，感悟民生疾苦，积极参加社会实践活动，在社会实践中历练自己的才干，在风雨和阳光中茁壮成长。仅有理论知识的精通是难以成为学贯古今的医学大家的。

4.早做准备，紧握敲门砖 一个人的成功与否，在很大程度上取决于他是否为自己的目标进行过细致科学的规划和准备。刚进医学院校的学生就应该考虑自己的生涯规划，思考自己的发展。首先，对自己要有客观全面的认识，明白个人的需要和努力方向，对自己的优势和不足做到了然于胸，对职业世界特别是自己感兴趣的部分要客观分析，基本确定未来的职业方向。其次，要根据未来的发展目标制订系统可行的执行计划，并根据环境条件的变化进行优化和调整。

拓展阅读

最美乡村医生——钟欢

乡村医生是我国医疗卫生服务队伍的重要组成部分，他们在条件艰苦的乡村执业，是最贴近亿万农村居民的健康"守护人"。抗击疫情时，他们冲锋在前；公共卫生服务中，他们竭诚奉献；健康扶贫时，他们倾情服务。

钟欢，中西结合执业医师，自2003年毕业以来，一直在湘潭市长城乡繁白村卫生室担任乡村医生，17年的坚守，日复一日，年复一年,在这个平凡的岗位上，钟欢默默践行着一名医者的情怀和使命、坚持与担当，凭借着不俗的业绩、高尚的医德、精湛的医术，赢得了广大乡亲的信赖和称赞，成为远近闻名的乡村好医生。

2003年，大学毕业的钟欢来到繁白村卫生室工作，她暗暗下定决心，一定要凭借所学知识真正服务于农村百姓。白天，她认真接待每一次来访来诊；晚上，她便一心扑在医书上刻苦钻研，尽可能多地学习和掌握一些农村多发病、常见病的诊断和治疗方法，为能在专业上精益求精，她还经常请教上级医院的老师。

工作中，个别患者脾气性格急躁，她从来都是站在患者的角度给予理解和安慰，从不计较个人得失，急患者所急，痛患者所痛，细致地诊查每一位患者，谨慎用药，严格执行操作规章。不管是寒冬还是酷暑，她都保持随时待命的状态，有时晚上一夜没合眼，有时才端上饭碗，就被患者叫去，即便是节假日，也没清闲过。

曾有人问，这么没日没夜的，既没有高收入，也没有名利地位，图的是什么？钟欢的回答总是朴实而简单：因为我是一名医生，这是我的职业选择！

2003年，正值"非典"肆虐，随着外地返乡人员日益增多。钟欢作为一名村级医生，义无反顾地冲在前面，积极配合村支两委，每天给返乡人员监测体温，及时将信息反馈给上级。

2020年初，正当她马不停蹄地为百姓东奔西走解除病痛时，一场突如其来的"新冠肺炎"疫情把她推到了"保障人民群众生命安全，众志成城抗击新冠"的一线。"大人、小孩的体温都正常，但记得不要外出，戴好口罩，如果有不舒服随时和我联系。"大年三十的下午，正当大家阖家团圆的时候，钟欢仍在逐户排查。农村地区返乡人口多，信息掌控难，医疗卫生条件薄弱，钟欢积极配合长城乡卫生院和政府号召，全力开展辖区内人员的筛查和医学追踪，并实行日报告制度。面对有些群众的不理解、不配合，她总是三翻五次地耐心讲解，并且不厌其烦地上门宣传预防措施和健康知识。

近年来，精准扶贫成为全市工作的重点，健康扶贫也成为村医工作的重中之重。繁白村贫困户共计38户，建档立卡贫困人口126人，钟欢就经常上户为贫困对象宣传健康扶贫政策、疾病预防知识，完成家庭医生的任务。

村里刘某患有小儿麻痹和慢性胃炎，长期要坐轮椅，家里没人照顾，稍有不舒服就打电话给钟欢，钟欢也是有求必应，上门免费送药，每次都不忘嘱咐要按时服药。

村里宋奶奶有高血压，有一次钟欢上门检查，发现奶奶的右眼有些红肿，钟欢赶紧给她测量血压，并叮嘱她一定要按时服用降压药，若有不适要随时打电话联系。之后几天，钟欢坚持每天上门帮宋奶奶测血压，直到其眼睛红肿症状完全消失，血压恢复正常。奶奶感谢她时，她总是笑着说："这是我的工作，也是我应该做的。"

面对赞誉，钟欢说："17年来的坚守，让我的人生充满意义，富有价值。将来我也会继续扎根基层，让所有需要帮助的人，病有所治，老有所依，为守护我们长城乡老百姓的健康而不断努力！"

二、就业的心理准备

？案例

自卑导致求职失败

小张是护理专业的即将毕业的学生，在校期间成绩中等，参加过学校的多种竞赛，却都没有获得过名次，三次参加实习医院的应聘也都没有入围，内心深处老觉得自己什么都不如别人，于是产生自卑感。但事实上，小张同学做事认真，各方面条件虽不是非常优越，却也有许多优点，专业技能操作考核也是一次性过关，只是不善于表达。毕业前夕，学校组织了毕业生供需见面会，同学们都忙于与用人单位交谈、面试，她却躲在宿舍，不敢和别人竞争。老师推荐她与其他同学一起面试，她因缺乏勇气，借故推诿。毕业时，大多数同学都落实了就业单位，签了就业协议书，可她还没有参加过一次面试，没有向任何一家单位自荐就业。

分析　自卑导致小张就业失败。医学生在求职过程中应该正确地认识自我，全面了解自我，培养良好的心理素质。从小张的经历我们可以看到，自卑的心理使毕业生在求职时裹足不前。她之所以不敢参加面试，是因为看不到自己的优点，对自己没有信心，害怕在就业竞争中遭到失败。其实，每个人都有优缺点，关键是自己能否有一个比较全面的自我认知，客观地分析自己所处的就业环境，发现自己的长处，自信大胆地参与就业面试。医学生应该克服自卑的心理，以健康的心理状态迎接就业挑战。

当前，"双向选择，自主择业"已成为高校毕业生就业的主要方式。随着医疗卫生系统改革的深入及医疗人才需求标准的不断提高，医学生就业压力剧增。对于医学生来说，专业知识要求较高，但是择业面较窄，在择业过程中更易发生心理问题。面对日益严峻的就业形势，医学生要做好充分的心理准备，正确认识就业市场的新变化、新特点，适时摆正求职心态。

（一）医学生就业中常见的心理问题

医学生在择业过程中，由于一些原因出现不同的心理问题甚至心理障碍，这些都在不同程度地影响着他们的就业和今后的职业生涯发展。如何在就业过程中把心理压力降到最低点，及时克服在就业过程中出现的心理问题和心理障碍，以健康的心理状态应对充满竞争的就业市场，是每位医学生必须积极面对的问题。医学生就业过程中常见的心理问题如下。

1.焦虑烦躁 焦虑是由心理冲突或挫折而引起的一种复杂的情绪反应，主要表现为无法控制的忧虑、焦急不安、恐慌、烦躁甚至恐惧以及某些生理反应。大多数毕业生心理困扰以焦虑为主，这种心理困扰现象主要源于当今严峻的就业形势、复杂的医患纠纷及社会目前存在的巨大就业压力。历经十几年寒窗苦读，过于担心自己被庞大的求职大军所淹没，被用人单位拒之门外。

2.自卑胆怯 自卑是指大学生认为自己的某些方面不如他人的消极的主观体验，表现为对自己的能力和品质做出过低的评价。这种状况往往在一些学习成绩平平或较差，缺乏实际工作能力和社会活动能力，或因相貌、身高、自我表达能力欠缺而缺乏勇气的学生身上表现尤为突出。自卑心理也是医学生就业过程中一种常见的心理现象。

3.嫉妒自负 嫉妒是指在求职过程中对他人的成就、特长或优越的地位等抱有既羡慕又敌视的心理。嫉妒心理产生的原因是多方面的。嫉妒心是市场竞争中的一种不正当的、以极端个人主义为核心的有害心理。这种心理的主要特征是把别人的优势视为对自己的威胁，因而感到心理不平衡，甚至恐惧和愤怒，于是借助贬低、诽谤，以至于打击破坏的手段来求得心理的补偿，或摆脱恐惧和愤怒的困扰。

自负是指不能正确地认识主观与客观的现实，错误地拔高自己的实际能力，目空一切，盲目自信。自负心理在就业过程中表现为过高地估计个人能力。这类学生或因自身能力强，或因就读于名牌学府，或因所学医学专业紧俏，或因自己专业知识、综合素质高人一等，其目标理想也往往太过远大，他们在就业时一味追求大城市"三甲"医院、追求高职务高收入，好高骛远，盲目乐观，把就业目标定得很高，对用人单位过于挑剔，因此导致就业困难。而一旦就业碰壁，情绪就会一落千丈，产生孤独、失落、烦躁的心理障碍，并难以自拔。

4.茫然从众　主要表现在对自我和工作缺乏足够的了解，在大学期间没有一个清晰的职业目标。在历经十余年寒窗苦读之后，很渴望在社会中找到一个适合自己发挥才能的位置，但自己究竟能够做什么，心里却不清楚。对自己没有一个清醒的定位，随波逐流，从而影响就业选择。

5.依赖怕苦　现实中，部分医学生由于在就业过程中对自己缺乏清醒的认识，缺乏进取精神，个人独立决策能力不强等因素，就业竞争中不主动出击，不是依靠自身的努力向用人单位展示自我、推销自己，而是抱着等、要、靠的依赖思想，依赖家人通融各类社会关系去就业，依赖老师、学校就业指导中心送工作上门，总念着"车到山前必有路""天上也会掉馅饼"，试图坐等就业，即便有就业岗位选择的机会，也要寻求老师、朋友以及千里之外的家长来提供决策帮助，缺乏自我判断和主见。依赖心理严重者会使自己在就业中处于劣势，失去一些重要的求职择业机会。

（二）就业心理调适方法

心理调适是运用心理学原理和方法对认知情绪、意志、意向等心理活动进行调整，促使自己的心理和行为积极变化的过程。它是实现心理健康的手段。在复杂多变的就业市场情况下，医学生需要面对现实，调整自身心理状态，完善自身人格素质，确立健康的心理，以积极的态度面对求职就业。

1.焦虑烦躁心理调适技巧　正确地认识自己，正确认识就业竞争激烈的现实，勇于直面竞争，提高心理承受能力。

2.自卑怯场心理调适技巧　首先，正确认识自我。通过积极的暗示来增强自信心，俗话说"知人者智，自知者明"。其次，学会避己之短，扬己之长。医学生要客观地评价自我，认清自身的优势与不足，正所谓"尺有所短，寸有所长"。在求职过程中，学会恰如其分地表现自己的才能，要善于以最佳状态示人。

3.自负心理调适技巧　医学生要正确评价自己的素质和条件，根据自己的实际情况和就业形势，适当调整就业期望值。要树立长远的职业发展观念，放弃过去那种就业就是"一次到位"，要求绝对安稳的观念，采取"先就业，后择业，再创业"的办法，学会规划自己完整的职业生涯。

4.依赖心理调适技巧　医学生要充分认识到当今社会是一个充满竞争的社会，是每一个社会成员都应积极参与的社会，进而认识到自己才是求职的主体，树立强烈的主体意识；要充分认识到解决依赖的心理问题关键还是靠自己，要提高自己的综合素质，提升就业能力。

5.茫然从众心理调适技巧　破除"精英化"的就业观念，树立"大众化"的就业观，从被动的就业观转向主动的就业观。在择业时，不能只考虑经济收入、工作条件、地点等因素，更要考虑职业对自我发展的影响以及职业能否帮助实现自我价值，不能人云亦云，盲目地挑选一些表面上看来不错，但不适合自己、才能得不到有效发挥的单位。

第二节　就业信息的收集与处理

❓案例

赢在就业起跑线上

冬末春初，在学校毕业生宿舍里，小张同学在电脑前不停地查找各种招聘网站的信息。她根据自己的专业和兴趣选择就业岗位，紧张焦灼。同样在这间宿舍，小张同学的室友小李同学却早已胸有成竹，手中早就握着几个单位的就业意向书。

分析　同专业、同宿舍的她们在就业的重要关头却面临不同的情况，原因在于她们对于就业信息掌握的情况不同。小张同学只是单一地将收集就业信息定位在传统的网站搜索上，小李同学则从多方面收集和利用就业信息，赢在了就业起跑线上。

一、就业信息的含义

就业信息是指用人单位发布的、择业者未知的、经过加工整理后，能被择业者所接受，并对其选择所从事的职业或职位有一定价值的客观存在的有关信息、资料和情报。

二、就业信息的特性

1.**真实性**　毕业生务必谨慎对待就业信息，冷静分析，提高判断信息真实性的能力。对于一些不是十分清楚的就业信息要及时与用人单位取得联系或请教别人，搞清用人单位的准确信息，以免与所求职业相差太远。

2.**时效性**　就业信息的效用具有一定的期限，过了期限效用就会减少，甚至消失。时效性是信息的一个很重要的特性，在竞争日趋激烈的就业市场，信息的有效期也越来越短。在大学生就业市场上，每年总有两三个月是就业信息相对集中的时期，在这段时间找工作也最有效，毕业生如果能把握好这段时间，主动出击，就能抓住机遇，实现理想。

3.**共享性**　就业信息一经公开发布，就会为人所共享。就业信息共享的人越多，反应者越多，竞争就越激烈。首先，应迅速做出决断，对自己认为有价值的信息立即采取行动、做出反馈。其次，要针对信息，在面试和相应的自荐材料中突出自己的特色和优势，与众不同，才能在众多竞争者中脱颖而出，引起招聘者的注意。

4.针对性 用人单位所要求人才的层次、专业、性别、能力等方面千差万别。就业信息本身必须能够说明它所适用的对象，以及该对象应具备的具体条件，否则就会让每个人产生自己都能适合、都能胜任的错觉。因此，必须注意就业信息的针对性。

三、就业信息的收集途径

收集和掌握就业信息已成为医学生求职择业前的关键步骤。一般来说，毕业生可以通过以下几种途径和渠道获得就业信息。

1.招生就业处 这是学校就业指导部门，专门从事毕业生就业工作，与用人单位建立了长期友好的合作关系，是用人单位向学校递送需求情况的信息集散地和主要窗口。他们提供的信息数量大，针对性、准确性和可靠性都比较强，是收集就业信息的主渠道。学校建设有专门的就业网和就业微信公众号，及时发布用人单位的需求信息，毕业生一定要及时关注。

2.毕业生供需见面会和人才招聘会 学校在每年的5月份会举办毕业生供需见面会，帮助毕业生解决就业问题。2015~2020年益阳医专已连续六年举办了益阳市医药卫生类大中专毕业生供需见面会，每年参会的医疗卫生单位在150家左右。

此外，各级政府和人力资源市场也会不定时举办各类型的人才招聘会，大家可以通过网络、电视、报纸等媒体了解人才招聘会的具体信息。

3.实习单位 实习是医学生踏入社会的前奏，是参加工作的预演，所以每位毕业生都应该认识到这是一段难得的、有价值的学习和工作经历。通过实习，毕业生对单位的了解或单位对毕业生的了解都会比别的需求信息更有效。所以，毕业生要充分认识到实习环节的重要性，与实习单位、带教老师建立良好的关系，也许实习单位就是你毕业后的工作单位。

4.社会关系 作为社会人，无一例外地会处在各种社会关系之中。在走入社会之前与社会的联系不外乎这样三种"缘分"，即"血缘""地缘""学缘"。通过社会关系网获取就业信息，是医学生求职择业的有效途径之一，即毕业生在寻找就业信息时，要多向身边的师长、亲戚、校友、朋友请教和交流，或许他们会给你提供一些好的机会。

5.社会实践 这种方法既是培养医学生服务意识和奉献精神的重要方式，也是锻炼医学生实践动手能力和自我开发职业信息的重要途径。在社会实践过程中，通过自己的努力赢得用人单位的信任和赏识，因此获得就业信息和机会的毕业生不乏其人。

6.新闻媒介 当前，高校毕业生就业已成为社会热点问题，受到各新闻媒介的普遍关注。每年在大学生毕业择业之际，广播、电视、报纸、杂志上都会有大量关于大学生就业的信息，包括就业政策、行业现状、职业前景、人才需求等方面的报道和分析。如教育部高校学生司和全国高校毕业生就业指导中心主办的《中国大学生就业》，各地的《就业指导报》《人才市场报》《劳动信息报》等；电台、电视台也都备有专门的栏目，成为毕业生搜集就业信息的一种可靠途径。新闻媒介不仅传播速度快，而且涉及面广，信息传播也很及时，是毕业生不可忽视的一条重要的收集就业信息的渠道。

7.个人走访　这是毕业生采取上门走访的方式，直接到自己感兴趣的企业、公司等，面对面地和人力资源部主管进行交流，表达愿望的一种信息收集途径。这样不仅可以节省识别信息准确性的时间，而且能通过实地考察，对用人单位的地理环境等外部条件有清晰的认识，以待决策时参考。

8.互联网　借助互联网查阅和交流信息，已经成为信息时代毕业生求职择业的重要途径。医学生不仅可以自由地从网站上获取各种职业信息，还能利用互联网把自己的简历投放上去。医学生在网上收集信息有三种方式：①高校就业信息网，医学生可以到各省市大学毕业生就业主管部门和高校创建的就业信息网站投放个人简历，查询就业信息；②专业招聘网站，许多职业网站为求职者提供了一种效率高、成本低、内容多、时间快的现代信息收集渠道；③企事业单位网站，如果求职者想到某单位就业，不妨常到单位的主页看看，寻找就业机会。

小资料

常用的求职网站（仅供参考）

中国大学生就业信息网（http：//career.eol.cn/html/c/jop）

人事部人才市场公共信息网（http：//www.chrm.gov.cn）

全国高校毕业生就业网络联盟（http：//www.ncss.org.cn）

高校毕业生就业导航网（http：//www.gradnet.com.cn）

中国高校人才网（http：//www.zggxrcw.com）

中国高职高专就业网（http：//www.zggz123.com）

应届生求职网（http：//www.yingjiesheng.com）

前程无忧（http：//www.51job.com）

智联招聘（http：//www.zhaopin.com）

中华英才网（http：//www.chinahr.com）

中国卫生人才网（http：//www.21wecan.com）

医药英才网（http：//www.healthr.com）

中国医疗人才网（http：//www.doctorjob.com.cn）

四、就业信息的处理

就业信息是医学生成功就业的基础。掌握的信息越广泛，信息质量越高，成功的概率就越大。

1.真实性、准确性原则　"真"就是要做到信息准确无误。医学生从各种渠道收集到大量需求的信息后，要善于对比鉴别，辨别其真伪，去伪存真。

"实"就是搜集的信息要具体，如用人单位的地址、环境、生产规模、发展前景、人员构成、生活待遇、联系人、联系电话、网址、电子信箱等方面。此外，还需了解清楚用人单位需要的是什么学历、什么专业、什么素质的人才，在生源、性格、性别、相貌、外语水平等方面有无特殊要求等。

2.针对性、适用性原则　首先，要明确收集信息的目的，有了明确的目的，信息收集才有方向，才有针对性。其次，就业信息纷繁复杂，形形色色，并不是每一条信息都适合自己，因而，要求毕业生准确认识自身的专业、特长、能力、性格、气质等方面的因素，明确自己所需就业信息的范围，做到有的放矢，增强就业信息的适用性。

3.系统性、连续性原则　将各种相关的、零碎的信息积累起来，然后加工、筛选，形成一个能客观地、系统地反映当前就业市场、就业政策、就业动向的就业信息链，为自己的信息分析和择业提供更可靠的依据。同时，保持信息的连续性。一些用人单位因搬迁等原因导致毕业生原有的信息失真，但如果毕业生建立了连续的电子就业信息库，就可以根据原有的信息重新发掘信息，输入信息库，这样在任何时候都能享用就业信息了。

4.计划性、条理性原则　计划性是指根据事先拟订的计划收集不同类型的企业、事业或公司的就业信息，并针对自己希望就业的地区，有重点地收集，避免大海捞针；同时，将收集来的就业信息以时间先后、地区不同、工资待遇等进行归类。注重就业信息的条理性，有利于方便、快捷地使用这些就业信息。

第三节　求职的材料准备

? 案例

求职材料中的机会

某医院参加高校毕业生就业招聘会后，带回来厚厚一叠的毕业生求职材料，小王的求职材料因其精美的封面设计而吸引了该医院人力资源部门主管的眼球。可当主管翻阅了小王的求职材料后，却非常的失望，在材料中他没有看到反映小王综合素质的相关材料，也没有看到反映小王能否胜任本岗位的专业水平和能力结构的相关说明……于是小王的求职材料被搁在了一边。

广州某医院拟招收一名医学相关专业的毕业生，派人力资源部门工作人员赴上海高校选人。工作人员刚到上海，医院人力资源主管便立即电话通知他们速到南京某大学面试某毕业生。开始他们以为是人际关系方面的原因，但当到了南京，面试这名毕业生后才知道，这名学生确实是他们急需的人才。向医院汇报后，当即决定录用这名毕业生。促成这次面试的原因就是医院人力资源部主管收到了这名毕业生寄去的求职材料。显然，这份求职材料引起了医院相关人员的关注，让这位毕业生获得了这次宝贵的面试机会并最终被录用。

分析 案例中的两位毕业生都向用人单位呈送了求职材料，但结果却不相同：小王因求职材料没有较好地展现自身的素质、专业水平和能力结构而丧失了面试的机会；而另外一位毕业生却因为自己丰富精彩的求职材料幸运地获得了面试机会并成功签约。

对于即将步入就业市场、接受用人单位挑选的医学生来讲，"如何推销自己"成为必须要在参加市场竞争之前解决的问题。求职就业是融入社会的必经之路，在求职过程中求职者总是希望自己能在众多的竞争者中脱颖而出，因此，一份精心准备的、有针对性的、有创意的求职材料对求职者来说至关重要。

一、求职材料的组成

（一）求职材料的作用

1.择业的"名片"和"敲门砖" 求职材料是双方沟通的第一道桥梁，是内容较为翔实的"名片"和"敲门砖"。递交求职材料是毕业生与用人单位进行首次沟通的最简便、最直接的方式。

2.获得面试的"入场券" 求职材料是求职者个人信息的集中体现，用人单位可以从中获取求职者的信息，判断求职者的能力和水平，凭此来进行初步筛选，进而决定下一步的考核计划。求职材料的优劣在很大程度上决定着求职者能否获得参加面试的机会。

（二）求职材料的构成

一套理想的求职材料，必须立体、准确、全面地反映出一个人的学历特长、专业水平、能力结构和其他综合素质。求职材料一般包括以下几部分：封面、求职信、个人简历、毕业生推荐表、在校期间学习成绩、获奖证书复印件、专业特长及非专业特长及其他材料等。具体应按照用人单位的招聘要求准备。

二、求职信的书写与制作

（一）求职信的书写技巧

求职信一定要让审阅求职信的人员留下深刻美好的印象，以便赢得面试或签约的机会。那么，写求职信需要哪些好的技巧呢？

1.**言辞得当，简洁明了** 求职信要言简意赅、言辞贴切。简洁流畅的求职信不仅可以节约审阅人的时间，还会激发其进一步了解你的欲望。精炼的求职信应该做到开门见山，内容集中、重点突出，语气平实、语言流畅。

2.**富有个性，激发兴趣** 立意新颖、语言独特的求职信往往能给对方留下深刻的印象，并能引发其注意，激发其兴趣。因此，写求职信，如同策划一个广告，不要拘泥于固定模板，要体现个性，大胆创新，突出个人的专业特长和非专业特长。

3.**精心设计，突出重点** 求职信先说什么，再说什么，重点突出什么，都需要精心设计。一般来说，求职信的重点应突出个人的专业知识、工作经验、能力等。在落笔之前，一定要事先了解用人单位的需求，准确适度地描述学业、工作经验、实际能力等，突出其关注的重点内容。

4.**实事求是，恰当表现** 一个人的诚信是非常重要的。写求职信要实事求是地描述自己，强调自己的优势，强调对用人单位的价值，既不过分夸大，也不过分谦虚，合理恰当地推销自己。

5.**以情动人，以诚取信** 写求职信要以情动人，设法引起对方共鸣。医学生求职单位一般是医院，要充分表达担负起救死扶伤、治病救人的使命等。写求职信还要以诚感人，通过诚恳的态度取信于人，引发他人共鸣。

6.**争取面试，礼貌大方** 写求职信的目的就是建立联系，争取面试机会。在求职信上要提醒用人单位留意你附加的个人简历，并请求对方回复信息，用语礼貌，展示大学生自信大方的良好形象。

7.**仔细推敲，不断完善** 写求职信一定要事先整理好个人材料，突出重点，写好文字材料。求职信写好后，还要仔细推敲、反复修改，根据不同用人单位的需要及时增减相关内容。

（二）求职信的结构

求职信属于书信范畴，所以它的格式也符合书信的一般要求，主要包括称呼、开头、正文、结尾、署名、日期和附录等。

1.**称呼** 一般不直呼"×××同志"，而是称呼其职务、职称或官衔。如果对象身份不清，则可用"尊敬的领导"代替。

2.**开头** 应开门见山，自报身份，直截了当地说明求职的意图，使信的主旨明确、醒目，引起对方的注意。

3.**正文** 求职信主体部分，这是求职信的重点。包括学业基本情况、个人综合素质、个人的特长优势、求职动机及对未来的展望和设想。这部分要讲明自己求职的理由、目标；重点介绍自己应聘、应征或寻求工作的条件；突出自己的重要成绩、特长、优势；适合求职的岗位等；阐述自己的敬业精神；简单介绍自己的个性。总之，要做到告知情况，突出重点，言简意明，具有吸引力和新鲜感，语气自然。

4. 结尾 主要进一步强调求职的愿望，希望用人单位能给予考虑，或希望前往面谈，接受单位的进一步考察等。总之，无论怎样表述，都要注意用语恰当、得体，分寸适宜，以免造成不好的印象。

5. 敬语 因为是求职信，供求双方都比较陌生，所以更要讲究必要的、礼节性的致敬语。

6. 落款 署名、日期。落款处要写上"自荐人×××"的字样，并标注规范体公元纪年和月日。署名处可留下空白，由求职人亲自签名，以示郑重和敬意。

（三）撰写求职信的注意事项

1. 长短要恰当 求职信的内容长短要得体，最好不要超过一页纸。

2. 开头要新颖 求职信的开头语要有吸引力，必须要在5秒钟之内吸引对方的注意力。

3. 重点要突出 中心部分重点要突出。有关能突出自己个性、吸引对方、打动对方的内容要详细地写，而且要写得有自己的风格。另外，在求职信中，首先不要提薪资的事，因为求职信要达到的目的是建立联系，争取面谈，薪资等以后有适当的机会再谈。

4. 语言要贴切 写求职信的目的主要是为了推销自己，所以在求职信中要强调自己的成就和自己对单位的价值。谈这些内容的时候一定要讲究技巧。

（1）求职信可以适当迎合对方优越、自豪、自尊的情绪，争取收到"正面效应"。

（2）坚持适度推销的原则。谦虚是中国人的美德，要做到谦虚但又不自我否定，要实事求是、恰如其分地表现自己。

（3）求职信为实用型文体，不是用来显示文学才华的地方，最好用简明的短语、稳重的语气来写。文风要平实、沉稳、严肃，以叙述、说明为主。外文要特别注意不要出现拼写和语法错误。招聘人员考察应聘者的外语能力一般就是从一份履历表或求职信开始的。

（4）求职信不要空话、套话连篇，也不要过于自负，语气要充满热忱。

5. 设计要优美 写求职信的时候，文字一定要流畅、字迹要整洁、设计要优美，给人一种愉悦的审美感觉。因此，求职信一定要打印，但签名要用手写。

6. 可双语书写 如果应聘者英语水平较高，可以尝试用中、英文两种文字写求职信。

三、个人简历的书写与制作

个人简历，是求职者向用人单位推销自己的广告和宣言，它既要求在有限的空间里把自我形象同其他竞争者区分开来，又要切实把自己的价值令人信服地表现出来。在得到面试机会之前，简历代表了求职者的一切形象，制作出一份出色的简历，就意味着求职成功了一半。

（一）简历的基本内容

一份完整的简历应该包括以下内容。

1.**个人信息** 姓名、性别、出生日期、民族、出生地、政治面貌、健康程度、通信地址及联系方式等，这部分一般写在简历最前边。

2.**求职意向** 表明求职愿望与招聘职位相符。也可以做出与你工作有关的特别的说明，以引起用人单位的兴趣。

3.**教育经历** 这部分最好以时间的倒叙来写，首先列出最高学历，然后再回溯。一定要依次写清楚所就读的学校、专业、任职情况。

4.**专业水平** 表明毕业生在工作方面所具备的知识、能力，它是胜任应聘职位实力的体现。所以，一定要字斟句酌。

5.**主要社会工作经历** 这是简历的核心部分。对于毕业生来说，要重点写明自己的学术成就和课外活动，如曾经参加过的社团工作、担任的职务及主要经历，参加社会实践及实习的时间、地点和效果，参加勤工助学的经历及效果等。这些社会实践或短期打工的经历都足以让用人单位了解你的志向、爱好、组织能力、领导能力、团队协作精神和吃苦耐劳的精神等。

6.**获奖情况** 在校获得的三好学生、优秀干部、各类奖学金、重大立功或发明创造等称号或荣誉。

7.**相关能力与特长** 写明外语、计算机、文体等方面的等级与水平。

8.**兴趣爱好** 如有特殊兴趣爱好，且与所求职位有很大联系，在篇幅允许的情况下，最好具体地写出来，有助于用人单位对你做进一步的了解。

（二）简历的制作原则

1.**言简意赅** 简历要"简"，首先要阐明总体情况；其次要有针对性；最后要针对应聘的职位列出自己学了什么，能做好什么，有什么实践成果和创意设想。简历要"简"，更要有"力"。"力"即"说服力"，要让招聘者一看简历就认定你"就是单位急需的人才"。简而言之，有了针对性，简历便"简"了；有了新颖性，简历便有"力"了。言简意赅，令人一目了然的简历，在哪里都是最受欢迎的，也是求职者形象和能力最直接的反映。

2.**重点突出** 由于时间的关系，招聘人员可能只会花短短几分钟的时间来审阅你的简历，因此简历一定要突出重点。应将你的能力分析和你能够胜任这份工作的理由作为重点予以突出。一般来说，对于不同的用人单位，不同职位的不同要求，求职者应当事先进行必要的分析，有针对性地将其设计为简历的点睛之处，既要深思熟虑、写得精彩，又要巧妙布局、不落俗套。

3.强调成功经验　仅有漂亮的外表而无实际内容的简历是不会吸引人的，招聘者希望你用证据证明你的实力。所以简历要证明你以前的成就以及你从中得到了什么益处。强调以前的经历，一定要写上结果，比如：参与了某大型医院组织的专业技能竞赛活动，并获得了一等奖。记住，不要平铺直叙自己过去的经历，短短一份"成就记录"，远胜于长长的"工作经验"。

4.扬长避短　撰写求职简历要知己知彼，突出自己的长处，回避自己的短处。比如：招聘者通常看重有更多实际经验的人，而作为刚刚走出校门的毕业生，不可能具有相关职业的丰富工作经历。所以在求职时更要着重强调最近的教育与培训，尤其是与正在应聘的职位最直接相关的课程或实践活动。而且，可以强调自己具有较强的可适应性来弥补所欠缺的工作经验，以你在校期间参加过的勤工助学、实习和实践的成就证明自己"勤奋肯干""能迅速掌握新技能"。同时，还可以表达接受困难条件的意愿，例如，"愿意在周末和晚上加班"或"能够出差或外派"等。

5.适当引用专业术语　适当引用应聘职位所需的主要技能和经验术语，能使简历更显深度。招聘单位对不同的职位有相应的具体的素质和技能要求，先学习和掌握这些要求，然后再在简历中适当地引用一些相关专业术语，这样，就能表现出你是内行或具有这方面的资历。

第四节　医学生就业方法与技巧

在毕业求职时，经常会看到令人诧异的结果：有的毕业生综合实力可谓"雄厚"，但求职过程却是一波三折；反之，综合实力中等的毕业生，可供选择的机会却不少。可见，求职之路并不像"涅瓦大道"那样平坦，大多数毕业生在这方面的经验也是乏善可陈。医学毕业生求职需要技巧，更是一门艺术。求职艺术大致体现在自荐、笔试、操作以及面试等环节上。

一、自荐方法与技巧

医学生对"毛遂自荐"的典故应该不会陌生，毛遂的故事对医学毕业生主动求职也有诸多启示。自荐即自我推荐，是在精心准备自荐材料的基础上，以比较艺术的方法与技巧为核心，积极主动地与用人单位联系，以达到求职目的的一种求职方式。自荐是毕业生在求职择业过程中的基本环节，也是打下良好择业基础的重要阶段。因此，作为医学生，学会如何自荐，可以起到事半功倍的效果。

（一）自荐的种类

作为一种与用人单位招聘人员"面对面"的"推销"方式，自荐大致包括登门自荐、信函自荐、电话自荐、网络自荐以及"间接"自荐等种类。

1.**登门自荐** 要求求职者必须亲临用人单位或招聘现场。其优点是直接面对用人单位，便于展示自己的风度和才华，容易给人留下深刻的印象。如果表现出色，可能会被用人单位现场录用。对个人来说，如果风度潇洒，谈吐自如，反应敏捷，这种自荐方式则更能发挥出自身的优势；反之，则会因自身劣势使求职陷入被动。

2.**信函自荐** 通过向用人单位邮寄或呈送求职材料的形式推荐自己。这是毕业生最正规的求职择业方法。它覆盖面宽，自荐范围大。但其弊端是时间较长，中间周转难以保证信函的准确到位。

3.**电话自荐** 通过电话推荐自己的一种求职方式。在求职过程中，电话自荐起着"敲门砖"的作用。充分利用电话接通后那短暂的几分钟，用最简洁明了的语言清楚地表达自己的意思，充分展示自己的优势，尽可能给接听人留下一个深刻清晰的印象，能为面试打下良好的基础。因而，在电话自荐中需要注意一些会话礼仪及技巧。

4.**网络自荐** 网络时代给毕业生求职带来了诸多便利，网络自荐是当前最被毕业生青睐的求职方式。这种自荐方式具有时效性好、覆盖面广、快捷方便等特点，现在被越来越多的毕业生使用。许多学校的就业指导中心和人力资源市场都建立了就业信息网站，邀请用人单位在网上发布招聘信息，允许学生随意调阅选择。毕业生借助网络进行自荐，即把自己的求职简历（电子版）通过自己的邮箱发至用人单位的邮箱，用人单位就能即时看到应聘者的信息，下载、查看、抉择、回复。

（二）自荐的技巧

毕业生在自我推荐过程中，要想找到理想的职业，除靠知识、技能等"硬实力"外，还必须重视"软包装"，重视非智力因素的表现，依靠灵活的方法和技巧取胜。

1.**自荐要有自信** 医学生自我推荐，首先必须自己相信自己，清醒地知道自己具备达到目标所需的能力，并完全依靠自己的能力进行竞争，这是求职者成功自荐的奥秘之一。

你要在别人面前介绍自己，证明自己，就必须具有足够的自信和勇气，不怕失败。如果没有"初生牛犊不怕虎"的勇气，就会畏惧不前、犹豫不决，就会紧张、拘谨甚至自卑，难以充分展示自身的优势。

"凡事预则立，不预则废"。自荐是求职者的主动行为，任何消极等待的态度都是不可取的。因此，在推荐自己时，还必须积极主动。例如，不等对方索要材料，便主动呈送；不等对方提问，就主动介绍自己；不消极等待对方回音，而是主动询问。这样，能给人一种态度积极、求职心切、胸有成竹的感觉。

2.**自荐要有礼貌** 谦虚，是一种美好的品德，是尊重对方的一种态度。谦虚有礼是为人处世的基本要素，是赢得用人单位好感的应有的态度，对于医学生应聘十分重要。医学生自荐应以诚信为本，在自我介绍时，要讲真话、有诚意，不吹牛撒谎，不虚情假意，这样才能给对方以信任感。在就业市场上，常有不少学生因口若悬河、夸夸其谈而吃了"闭门羹"；也有人因为摆出一种"我有知识你就得用"的趾高气扬的气势，令用人单位非常反感。因此，要切记在任何时候，虚心、谦逊都是用人单位最为欢迎的态度。礼貌，是道德的一种外在表现形式，它在人际关系调节中具有不可忽视的作用。医学生自荐时，表情、称呼、动作等，都能反映出一个人的内在修养和素质，都会被招聘单位作为评价毕业生的重要参考。因此，自荐时要以礼待人，千万不要疏忽大意。即使对方当场回绝或不太理睬你时，也要表现冷静，给自己找个台阶下，给对方留下明理的印象。

3. 自荐要善于展示自我 善于展示自己，即"展示适时，展示适度"。"热门"的用人单位往往门庭若市，要想在强手如林的竞争中引人注意，脱颖而出，就应该做到"四会"。

（1）会介绍自己 开门见山、简明扼要地说明来意，自我介绍要有理有据，言简意赅；自荐要惜时，自荐时间不宜过长，必须在最短的时间内，把自己的亮点、优势展现出来，最大限度地推销自己。因为成功就是与众不同！

（2）会提问题 提问题是为自我服务，除了想搞明白某个情况之外，还可借助提问题，更好地展示自己。

（3）会回答问题 回答问题是为了说明情况，展示自己。要学会正确运用闪避、转移、引申、模糊应答等方法，起到"四两拨千斤"的效果。

（4）会发挥优势 即展示自己要有特色。自荐必须从引起别人注意开始，引起别人注意的关键是要扬长避短，有自己的特色，使对方对自己产生兴趣。

4. 自荐要善于"包装" 在市场环境下，包装是必要的，它能弥补个人不足，提高个人价值，发挥"促销"作用。包装分为外包装和内包装。外包装又称为初级包装，它是通过一些非语言媒介对自荐发挥作用，如衣着、发式、动作、行为举止、体态、气质等要得体、适度，给人以大方、潇洒、端庄、有知识、有涵养、有信心、符合大学生身份的感觉。研究结果表明，外表有吸引力者，一般会被招聘人理解为聪明精干、办事认真可靠，使人有眼前一亮的感觉。内包装也称深度包装，它是建立在有真才实学的基础之上，将多种抽象和具体相结合进行自我推销的一种有效方法。其内容包括个人积累的知识、出色的口才、流利的外语对话、熟练的上机操作、扎实的专业基本功等。这种方法如果运用得好，则非常有助于形成完美的第一印象。

5. 自荐要"换位思考" 要注意对方的需要和感受，并根据这些说服对方，被对方接受。比如，自己告诉的正好是对方所要的，自己所问的，正好是对方要告诉的。要做到这点，首先要事先有所准备，想一想一般用人单位需要什么，他们会提出什么问题，对什么最感兴趣；其次，临场要"察言观色"，把握对方心理，随机应变。例如，益阳医专药学专业学生李某，学习成绩良好，综合素质较高，听说本市一家著名的医药公司招人，便拿着自荐材料走进该单位人事部门。人事负责人看完他的自荐材料后问道："你为什么要来我们单位应聘，你觉得我们单位有哪些特点和不足？"几番对答，对方不住颔首，告诉他一周后查看公司官网录取结果。一周之后，李某如愿以偿，他在几十名竞争者中获胜。他的成功，就在于注意到了对方的需要和条件，站在对方的视角来看待求职。

6.自荐要自控　面对外界环境的变化，人的情绪一般都会随之改变。实践证明，无论是谁，心情紧张时，说话总是节奏过快，使听者很费力，容易厌烦。医学生初次接触社会，缺乏说话技巧。因此，在推荐自己的过程中，要善于控制情绪，说话节奏适中，可以表露出自己的才华、学识、能力和社会阅历，增加对方对自己的了解。为了控制自己亢奋的情绪，美国心理学家尤利斯提出了有趣的忠告：低声，慢语，挺胸。

≡ 拓展阅读

晕轮效应

所谓晕轮效应，就是在人际交往中，人身上表现出的某一方面的特征，掩盖了其他特征，从而造成人际认知的障碍。在日常生活中，"晕轮效应"往往在悄悄地影响着我们对别人的认知和评价。比如有的老年人对青年人的个别缺点，或衣着打扮、生活习惯看不顺眼，就认为他们一定没出息；有的青年人由于倾慕朋友的某一可爱之处，就会把他看得处处可爱，真所谓"一俊遮百丑"。晕轮效应是一种以偏概全的主观心理臆测，其错误在于：①它容易抓住事物的个别特征，习惯以个别推及一般，就像盲人摸象一样，以点带面；②它把并无内在联系的一些个性或外貌特征联系在一起，断言有这种特征必然会有另一种特征；③它说好就全部肯定，说坏就全部否定，这是一种主观偏见支配的绝对化倾向。总之，晕轮效应是人际交往中对人的心理影响很大的认知障碍，我们在交往中要尽量地避免和克服晕轮效应的副作用。

首因效应

首因效应是由美国心理学家洛钦斯首先提出的，也叫首次效应、优先效应或第一印象效应，指交往双方形成的第一次印象对今后交往关系的影响，也是"先入为主"带来的效果。虽然这些第一印象并非总是正确的，但却是最鲜明、最牢固的，并且决定着以后双方交往的进程。如果一个人在初次见面时给人留下了良好的印象，那么人们就愿意和他接近，彼此也就能较快地取得相互了解，并会影响人们对他以后一系列行为和表现的解释。反之，对于一个初次见面就引起对方反感的人，即使由于各种原因难以避免地要与他接触，人们也会对他很冷淡，在极端的情况下，甚至会在心理上和实际行为中与他产生对抗状态。

古语中"新官上任三把火""早来晚走""恶人先告状""先发制人""下马威"等，都是利用首因效应占得先机的经典案例。而人们常说的"给人留下一个好印象"，一般就是指的第一印象，这里就存在着首因效应的作用。在交友、招聘、求职等社交活动中，可以利用这种效应，展示给人一种极好的形象，为以后的交流打下良好的基础。

以求职为例，大部分医学生的就业方式是借助人才市场，通过与用人单位"供需见面""双向选择"完成的。实践证明，在"双向选择"过程中，毕业生给用人单位的"第一印象"对其就业和择业至关重要。在择业过程中，医学生根据首因效应原理，做好各项面试准备，力争把自己的知识、才华和良好的态度综合表现出来，赢得良好的第一印象。

在日常交往过程中，尤其是初次交往时，要注意给人留下美好的印象。首先，要注重仪表风度，一般情况下人们都愿意同衣着干净整齐、落落大方的人接触和交往。其次，要注意言谈举止。言辞幽默、侃侃而谈、不卑不亢、举止优雅，会给人留下好的印象。

二、笔试方法与技巧

案例

时事考题难倒考生

学校招聘会期间，一个单位招聘护士，组织了一场笔试考核。其中有些考题顺应了时代热点，考查医学生的世界观和人生观，难倒了不少应聘者。如：国家正在大力发展社区卫生，市卫生局决定，从今年起，所有新录用的医务人员，必须到乡镇社区卫生院服务5年，你认为自己在社区的作用大，还是市级医院的作用大？当今社会医疗纠纷成为热点话题，你是怎样看待的？当下手足口病流行，医院要做一次宣传活动，你该如何组织？会遇到什么难点问题？

分析 这些问题表面上考的是毕业生在学习、生活期间对时事政治的了解和把握，实际上在考察医学生除专业知识与技能以外的其他综合知识与技能。许多医学生在学习期间对时事不怎么关心，觉得与专业无关，实际考试时，遇到这类问题又粗心大意，不善深思，往往在回答这些考题上表现欠佳。面对医院招聘时的各类笔试考核，我们应该在平时就要做好充分的准备。因为用人单位是全方位考察医学生的，这种考察不仅局限于教材上的专业知识和专业技能，还会深入了解医学生的职业观、人生观，了解医学生的工作态度、吃苦精神，工作组织能力和应变能力等。

笔试是一种常用的考核办法，主要是用以考核应聘者特定的知识、专业技术，对文字的运用能力以及素质的一种书面考试形式，它是用人单位对求职者所掌握的基本知识、专业知识、文化素养和心理健康等综合素质进行的考察和评估。

笔试对应聘者来说是相对公平的一种测试方式，因而越来越多地被招聘单位采用。一般医院招聘均采用笔试、操作测试和面试的综合测评。医学生应充分了解有关招聘过程中笔试考查的目标、题型与技巧等。只有做到知己知彼，才能顺利地通过招聘单位的笔试考核。

（一）笔试的种类

笔试是当前求职方式中最为关键的一环，上承自荐，下启面试。笔试成功了，才能为最后一环——面试打下基础。笔试失败了，自荐再好也无用。当前，笔试主要包括以下几种方式。

1.专业考试 目的是检验应聘者担任某一职务时是否能达到所要求的专业知识水平和相关的实际能力。专业知识考试的题目专业性很强，如公务员考试、医疗单位招聘考试、外资企业对应聘者的外语水平考试、公检法机关录用干部时的法律知识考试等。

2.文化素质考试 目的是检验应聘者的实际文化素质。由用人单位给出范围或特定要求，让应聘者通过作文来考察其知识、思维、文字表达能力的一种笔试方式。

3.技能测试 目的是检验应聘者的实际工作能力或专业技术能力。这种考试往往针对特定的工作岗位来设计，不同的岗位有不同的技能测试，毕业生要充分利用在校实训和实习学习，熟练掌握各项专业技能。

4.命题写作 目的是检验求职者分析、综合比较、归纳、推理等思维能力的方法。其形式采用论述题或自由应答型试题。其最大的长处是有利于考察求职者的思维能力，从而能够检查求职者思想认识的深刻程度。这种测试往往会呈现种种不同的答案，易于发现人才，因而远比简单的测验题更能检测一个人的真实水平。

5.心理测试 通过一系列的科学方法来测量被试者的智力水平和个性方面差异的一种科学方法。一般用事先编制好的标准化量表或问卷进行测试，要求被试者在一定时间内完成，根据完成的数量和质量判断其心理水平或个性差异。一些特殊的用人单位常常以此来测试求职者的态度、兴趣、动机、智力、个性等心理素质。

（二）笔试的技巧

1.保持良好的身心状态 求职过程中的笔试毕竟不同于学校平时的考试，临考前要注意以下几点：①要适当减轻思想负担，不可给自己施加过大的压力，否则适得其反；②笔试的前一天要注意休息，保证充足的睡眠，避免考试时精神不振，影响正常思维；③临考前要适当参加一些文体活动，从而使高度紧张的大脑得到放松休息，以充沛的精力去参加考试。

2.认真了解笔试类型　不同的笔试类型，有不同的考试内容。毕业生在考前应做详细的了解，针对不同情况做出相应的准备。比如公务员考试就有明确的考试范围，并有指定的参考书，考生复习相对有针对性。而有些用人单位的笔试则相对灵活，范围也比较大，没有明确相关的参考书。毕业生可围绕用人单位划定的大致范围阅读一些有关的图书资料。笔试成绩与毕业生平时的努力也有很大的关系，如果毕业生兴趣广泛，平时注意吸收各种信息，考试时就能驾轻就熟，得心应手。

3.精心做好笔试准备　这种准备应该是大学期间所获得的一种能力，是一种大学全过程的学习行为。

（1）学以致用，知行合一　现在的求职考试越来越强调用学过的知识来解决实际问题，具有很强的实用性。"读万卷书，行万里路"。就是说，现在的应聘考试主要是考核应聘者对知识的运用能力。因此，在复习过程中必须始终突出一个"用"字，通过实践，把学得的知识运用到工作实际中去解决具体的问题。

（2）提纲挈领，系统掌握　在知识与能力这两者中，知识无疑是基础，没有扎实的基础知识，也就无从谈能力的培养和提高。掌握知识的一个有效方法就是把零散的知识系统化。但是应聘笔试往往范围大、内容广，因此，凡是与求职有关的一些知识如文史知识、科技知识、经济知识、法律知识和一般的电脑知识，均要系统地复习一遍。

（3）多读多练，提高阅读能力　提高阅读能力，对扩展知识面和回答应聘考试的各类问题很有益处。要提高阅读能力，首先得坚持进行阅读实践。知识的获得，主要依靠传授；能力的提高，则必须通过实践。复习时经常做些阅读训练，有助于阅读能力的提高。在做阅读训练时，一定要做到"眼到"和"心到"，特别是"心到"。即对每个问题都仔细揣摩，认真思考，分析比较，综合归纳，努力提高自己的阅读能力。

（4）敏锐思考，提高快速答题能力　为了适应招聘考试中的题量，还应该尽快培养自己快速阅读、快速思维和快速答题的能力。因为现代阅读观念不只着眼于信息的获取，还特别重视速度。所以在准备笔试的时候一定要提高做题速度。

4.笔试的注意事项　参加笔试时有很多细节问题往往易被毕业生忽视，这里介绍四种常见的笔试注意事项，供毕业生参考。

（1）听从安排　应当在监考人员的安排下就座，而不要自己选择座位，更不要抢座位。如果因特殊情况，座位确实有碍自己考试需要调整时，一定要有礼貌地向监考人员讲清楚并求得其谅解；若实在不能调换，也应理解其工作上的难处。

（2）遵守规则　在落笔之前，一定要听清楚监考人员对试卷的说明，不要仓促作答，不要跑题、漏题或文不对题；更不能有不顾考场纪律、我行我素的行为，比如未经许可携带手机等通信工具，擅自翻阅字典、使用电子产品等。尤其要注意手机的处理，一定要按照监考人员的要求，把手机调至静音状态或关机，放在包里或直接交给监考人员保管，否则手机等通信工具响起来时，就有作弊的嫌疑或给用人单位留下不严谨的印象，这将直接影响笔试的成绩或效果。

（3）卷面整洁 答卷时应注意卷面整洁、字迹清晰、行距有序、段落齐整、版面适度（从对方阅卷装订方便出发，试卷上下左右边缘应该留出些空隙而不要"顶天立地"）。因为求职过程中的笔试不同于在校时的考试，"醉翁之意不在酒"，有时用人单位并不特别在意应聘者考分的稍许高低，而是从中观察考生是否具有认真的态度和细致的作风，从而决定录用意向。

（4）其他细节 "细节决定成败"。不要做出一些可能被视作舞弊的行为或出现干扰考试的现象。例如，忘记写姓名、偷瞄别人的试卷、藏匿被招聘单位禁止的参考材料、与旁人嘀咕等。另外，独自口中念念有词、把试卷来回翻得哗哗作响、用笔击打桌面、唉声叹气、抓耳挠腮、经常移动身体或椅子显出烦躁不安等举动，也都会影响他人考试和自己的形象。

参加完笔试，不论个人感觉如何，都应继续关注后续的招聘进程，提前做好进入下一轮竞争的准备。万一失败，则需分析原因，总结经验教训。

拓展阅读

护士资格考试人机对话考试操作及答题技巧

考试操作首先需要了解考试屏幕显示内容。

1.摘要显示 位于屏幕上部，一般用于显示所考案例描述性文字，如同临床医学题型为"病例摘要"，摘要在本案例的提问没有结束之前始终存在，以便随时为考生提供信息。当下一案例题出现时其自动消失。

2.提示、提问及答题操作 位于屏幕中部。提示，主要结合所提的问题，提供一些参考资料，一般反映病情变化或辅助检查的结果。提问，即需考生回答的问题，通常有6～12个备选答案，考生根据所提供的备选答案直接作答。

3.图片显示 图片可以是医学影像、心电图、脑电图，也可以是病理切片及实物图片等。作为答题的参考资料，当屏幕右下方提示可调用图片时，用鼠标点击或按相关键即可换屏显示图片。

4.计算器的调用 考试过程中，有些试题可能需要进行简单的四则运算，如单位转换、剂量计算等。这时可以用鼠标点击或按相关键在屏幕上调用"计算器"，其使用方法与普通计算器一样。

5.操作提示 位于屏幕下部，提示考试剩余时间、题量、当前答题进度，采用两条移动线条的形式，一条表示答题进度（答题进度条），另一条表示时间进度（时间进度条），通过比较两者长短或完成百分率，形象地反映答题与时间使用的情况。在实际考试中应注意两线的进展速度，若时间进度条的进展速度快于答题进度条，则反映考生的答题速度较慢。

三、操作方法与技巧

🅠 案 例

练就过硬的临床操作技能

小陈是一名即将毕业的学生。他成绩很好，家庭背景不错，书画造诣较高，舞蹈根底好，社交面也比较广，大学期间可谓德智体美全面发展。但是，他很少把精力放在实验课上，即使去上课了，也是勉为其难。平常练习操作，更是难见其踪影。临近毕业，小陈把自己的求职目标定位在"三甲"医院。他和其他同学一样，东奔西跑、四处求职。许多用人单位对他的材料很感兴趣，他笔试成绩也不错，接着也参加了好几次操作、面试，但都没被录取。他自己也不禁着急起来。一天，他来到就业指导中心进行咨询，张老师在看完他的自荐材料，了解他的求职意愿，问了一些关于操作过程、面试的细节后，建议他按照操作程序来加强训练。

小陈不以为然，感觉操作应该问题不大。他心里想，用人单位要用的是我的能力和才华，只要进了医院，以后有的是临床实践的机会。这种为招聘而设置的操作不就是走过场吗？很快又有一家"三甲"医院来学校招聘，经过笔试、操作、面试等一番过程之后，他又被刷下来了。在小陈离开后，张老师与用人单位的领导进行了沟通，医院负责招聘的老师说："作为一名医学生，他有才华，各方面都不错，这当然好，但是医生是救死扶伤的人，必须要有过硬的临床操作技能。小陈的操作确实不好。"张老师把这番话告诉了小陈，他这次不敢再怠慢了，回到宿舍后，在毕业前的2个月内，制定了一份时间表，苦练操作技能。5月初，小陈高兴地来到学校就业指导中心，告诉张老师说他已与省内一家"三甲"医院签订了就业协议书，并十分感谢张老师对他的帮助和提醒。

分析 案例中小陈的求职经过告诉我们，过硬的操作能力对求职的毕业生来说不是件小事。操作实践，在不经意间反映了一个医学生的修养、素质和能力。在求职过程中，它往往影响主考官对毕业生的第一印象。穿着不整、程序不对、准备不足，手忙脚乱，会使自己的形象大打折扣。因此，面试前毕业生应注意提高自己的操作能力。总的原则是按照程序，做好准备，有条不紊，气定神闲。

对于医学生而言，技能操作具有重要的意义。它处于笔试与面试之中，有时候也包含在面试之中。一般情况下，用人单位在面试之前会安排求职者进行操作。为了在操作过程中胜出，必须了解一些方法和技巧。

（一）操作的含义

操作，又名技能操作或实践操作，是指在特定的环境下，通过一定的媒介达到特定目的的一种过程，主要考查毕业生的动手能力。对于医学毕业生而言，操作是用人单位招聘人才时通常采用的考核方式。由于操作具有综合性，它不仅能考核一个人的业务水平，而且可以面对面地观察求职者的实践能力，所以许多医院对这种方式更感兴趣。几乎所有医学专业的毕业生在应聘时都会涉及操作考试，特别是护理、助产等专业的学生。下面以护理专业为例，来探讨毕业生在实践操作中的方法与技巧。

（二）操作的程序

操作程序是医学发展达到正规化的标志。现以护理专业为例探讨程序的重要性。它主要包括评估、诊断、计划、实施、评价等五个步骤。

1.**评估**　系统动态地收集、组织、核实和记录资料的过程，为做出正确护理诊断提供依据，为制订护理计划提供依据，为护理评价提供依据，为护理科研积累资料。护理评估包括收集资料、整理分析资料和记录资料三方面工作。

2.**诊断**　护理程序的第二步，是在评估的基础上对收集的资料进行归纳、演绎、比较、分析等逻辑推理后做出判断，也是关于个人、家庭或社区对现存的和潜在的健康问题以及生命过程的反应的临床判断。护理诊断是选择护理措施的基础，是对健康问题及生命过程反应的判断，护理诊断描述的健康问题不仅包括现存的问题，还包括潜在的和可能的问题，诊断不仅针对个体，也包括家庭、社区。它与临床诊断不同，主要包括现存的、高危的、可能的、健康的、综合征的判断，由名称、定义、诊断依据和相关因素四个组成部分。

3.**计划**　护士在评估及诊断的基础上，对患者的健康问题、护理目标及护士所要采取的护理措施的一种书面说明。确切地说，是为达到护理目标而设计的护理方案，同时也是以护理诊断为依据，制定护理目标和护理措施，以解决护理对象现存的和潜在的健康问题的具体决策过程。主要包括排列护理诊断、确定预期目标、制定护理措施和护理计划成文等相关步骤。

4.**实施**　为了达到护理目标而将护理计划付诸行动的过程。一般情况下，实施是在护理计划制订和书写之后进行，包括实施前准备、实施和实施后记录三个步骤。但在紧急情况下，如遇到急诊患者或者病情突变者，护理人员往往在脑中迅速形成初步护理计划，立即采取护理措施解决问题，然后再补充书写护理计划。

5.**评价**　将措施实施后患者的实际效果与护理预期目标作有计划、系统地比较，也是对护士执行护理程序的过程、效果与质量做出评定的过程。它分为效果评价与过程评价。虽然是护理程序的最后步骤，但贯穿于护理全过程。一般情况下，评价包括收集资料、判断效果、分析原因和重申计划四个步骤。

从以上的护理程序来看，护理程序实施步骤比较合乎逻辑、科学，印证了系统论和逻辑思维在医学生操作中的重要作用。作为面试的关键部分，操作在毕业生求职过程中，尤其是对于医学生而言，更具有重要作用。当然，操作考试会因环境变化而变化。例如，通知进入面试的同学到所在医院进行操作考试，就比较严格，因为操作环境是在医院特定的场所（环境）进行的。如果是招聘单位到学校进行专场招聘，虽然操作考核会在实验室进行，但由于受到招聘场所（环境）的限制，操作程序应该较为简便。但无论如何，一般的程序还是不能少、不能乱的。因此，医学院校的应届毕业生除了成绩优异外，还要注重实践操作。因为大部分医疗单位还是看重一个毕业生的操作技能的。否则，学校再怎么强调某一个毕业生优秀，但操作技能不过硬，还是会底气不足。因为尊严来自实力。

（三）操作的技巧

操作在医学生求职中的重要性不言自明。操作技能过硬，即使笔试、面试成绩一般，医院负责招聘的领导、老师还是会留意的。如果在操作环节表现特别出色，也会增加被用人单位破格录用的可能性。所以，医学生要重视操作考试，也要知晓其中的方法和技巧。

1.拥有自信　自信是现代人所必须具备的心理素质。大部分毕业生在陌生环境中，面对一群陌生考官，紧张与胆怯是可以理解的。但还是要拥有自信，不要紧张。如果紧张，要及时稳定情绪。如全身放松，认真做几次深呼吸，在心里不断地对自己说"没什么，与在实验室做实验没什么两样"之类的话，这样做，能够使自己心情平静，全身心地投入操作。

2.衣着得体　操作是在特定环境下进行的。因此，医学生进行操作必须按照临床要求进行穿戴，为临战状态做好准备。如果衣着打扮与平常相同，别说招聘单位认为不合适，其他招聘同学也不会认可。例如，一位护理专业男生在实践操作的时候，护士帽没戴好，头发也很长，主考老师就颇有微词。因此，操作时穿戴不可小觑，要重视起来，要以大方、得体的形象出现在主考官面前。否则，面对衣着讲究的主考官，自我感觉不好，就会显得信心不足。

3.程序合理　从上面的护理程序实施步骤可以看出，操作程序要求严格。因此，毕业生进行操作的时候，一定要严守原则，不要进行侵入性操作，更不要画蛇添足。要根据问题和要求，整理思路、谨遵规律、把握重点、条理清楚。一般情况下，要按照评估、诊断、计划、实施等步骤去做，做到有条不紊。当然，其他临床操作程序还会更复杂。

4.及时补救　特定的环境要求更严格，因此操作中难免会出现失误。如果发觉失误，要及时进行补救。在操作考核时，如果感到自己有失败的苗头，一定要注意自己的情绪，不要紧张，不可失态，要及时加以调整补救，以期挽回劣势。有的同学在操作时候，突遇失误，手抖脚颤，汗流浃背，如此，就会影响操作的实际效果，那么招聘现场的医院领导、老师给出的评价也不会高。

护理实践中的伦理

学习护理学专业为人类的健康服务，这不仅要靠专业知识和技能，更要具备伦理道德的坚实基础。伦理学是关于道德问题的理论，是研究道德发生、发展及道德现象的学说。伦理学在西方叫道德哲学，大约在公元前4世纪，希腊哲学家亚里士多德创造了一个词——"ethics"，即伦理学。"伦"是指人与人之间的关系，"理"是指人与人之间的道德与规则。

护理伦理学（nursing ethics）是研究护理道德的科学，是运用一般伦理学原理和道德原则来解决和调整护理实践中护理人员与护理对象、护理人员之间、护理人员与社会之间关系的一门学科。它与护理学、心理学、法学及人类文化等密切相关，并随着护理学研究领域的发展而发展。护理伦理学作为研究护理道德和生命伦理的应用学科，是伦理文化的重要组成部分。通过护理伦理学的学习，可以帮助护理人员系统地掌握伦理学知识以及护理领域中的伦理要求，从而提高解决伦理问题的实际能力，更好地为患者服务。

护理伦理学的原则主要如下。

1.基本原则 防病治病、救死扶伤；实行社会主义人道主义；全心全意为人民服务的身心健康服务。这一原则是社会主义伦理原则在护理领域的运用和体系，是护理伦理具体原则、规范和范畴的总纲和精髓，在护理伦理体系中处于首要地位，起着主导作用。

2.具体原则 护理伦理基本原则是比较概括的、指导性的根本原则，具体运用时还要借助于一些具体原则，从而实现基本原则的要求。具体原则包括公正原则、自主原则、不伤害原则和有利原则。

（1）公正原则（justice） 在护理实践中，护理人员应公正地对待每一个患者，任何患者的正当愿望和合理要求都应予以尊重和满足，不能因为医护以外的其他因素，如性别、年龄、肤色、种族、身体状况、经济状况、地位高低或血缘等条件而亲此疏彼；要尊重和维护每一个患者平等的基本医疗护理权，公正地分配医疗资源，力求做到人人享有基本的医疗保健。

（2）自主原则（autonomy） 即"自己做主"，自主原则是患者权利的体现，是维系护患之间服务与被服务关系的核心。一切诊疗措施的结果最终都要落实到患者的身上，无论结果如何，患者都应该有权选择对自身所实施的诊治护理方案，尤其有权选择同意一些伤害性的诊疗措施，也就是说医护人员在为患者提供医疗照护活动之前，要先向患者说明医疗照护活动的目的、益处以及可能的后果，然后征求患者的意见，由患者自己做决定。当然，自主原则并不适用于所有的患者，它只适用于能够做出理性决定的人，对那些特殊群体，如精神病患者、智力低下患者、老年痴呆患者、昏迷或无意识状态患者等，应该尊重其家属或监护人的选择权，但如果这种选择不利于患者的利益，护理人员不能听之任之，则应与相关机构沟通、商讨如何选择。

（3）不伤害原则（nonmal eficence）　不使患者的身体、心灵或精神受到伤害。在临床上，一切诊疗手段均是有利与有害的综合体，一些对患者有利的诊疗措施，常常伴随着对患者的伤害作用，如手术并发症、肿瘤化疗、药源性疾病等，但它的目的是使患者获得较多的益处或预防较大的伤害。因此，护理人员在工作过程中，应把患者的利益放在首位，积极了解和评估各项护理活动可能对患者造成的影响，提供应有的最佳护理。

（4）有利原则（beneficence）　医护人员在履行职责时，医疗或护理的结果都应有利于患者，始终把患者的健康利益放在第一位，并切实为患者着想的伦理原则。在临床实践中，无论诊断、治疗还是护理采用的手段，都应该减轻或解除患者的痛苦。若诊疗和护理对患者利害共存时，则要使这些措施和手段给患者带来最大的利益和最小的伤害，同时要坚持公益要求，即医护人员采取的诊断、治疗手段既对患者有益，又不损害他人利益和社会利益。

四、面试方法与技巧

在求职过程中，面试是最具决定性意义的一环。同时，面试也是求职者全面展示自身素质、能力、品质的最佳时机。面试发挥出色，可以弥补先前笔试或是其他条件，如学历、专业上的一些不足。对于初次就业的应届毕业生而言，面试难度最大，因为缺乏经验，面试常常成为一道难过的"鸿沟"，很多毕业生顺利通过了笔试关、操作考，最后却在面试中失败了。因此，熟练掌握面试的方法和技巧，对于初出茅庐的应届毕业生来讲，是极其重要的。

❓案例

外貌形象非小事

小李是一名即将毕业的学生，颇有才华，但他平时不太修边幅，常穿着破破烂烂脏脏的牛仔服。临近毕业，他和其他同学一样，忙着四处求职。许多用人单位对他的自荐材料很感兴趣，他也参加了好几次面试，但都没有回复。看着其他同学都签约了，他自己也不禁着急起来。一天，他来到招生就业处进行咨询，张老师在看完他的自荐材料，了解他的求职意愿，问了一些面试的细节后，建议他能重新塑造自己的形象，并让他留下求职材料，答应有机会为他推荐就业单位。

这一天，又有医院来学校招聘毕业生。就业中心的张老师拿出了小李的自荐材料，来人看了自荐材料，听完推荐介绍后，觉得小李很有才华，提出要进行面试。但当小李来到面前时，几位前来面试的招聘领导流露出失望的表情。在小李离开后，张老师又给用人单位的领导进行了耐心的解释，并希望他们再给小李一次面试的机会。张老师马上和小李进行了认真的交谈，告诉了他用人单位的疑惑，小李这回不敢再怠慢了，回去后开始注重自己的外貌形象，并穿了一套整洁的西装前来面试。几天后，小李高兴地告诉张老师，说他已收到了这家医院签订的就业协议书，并十分感谢张老师对他的帮助和提醒。

分析 小李的求职案例告诉我们，合适得体的衣着打扮对求职的毕业生来说意义非同小可。穿着打扮，有意无意之间反映了一个人的修养、气质和风度，甚至折射出一个人的价值观和生活态度，在求职面试过程中，它往往影响主考官对毕业生的第一印象。衣着不整、蓬头垢面，既不尊重对方，也不尊重自己。因此，面试前毕业生应注意自己的着装打扮。总的原则是整洁、大方、朝气蓬勃，符合自己的身份和用人单位的职业要求。

面试是用人单位招聘人才时通常采用的考核方式。通常为主考官通过与应试者双方面对面的沟通、交流，从仪表修养、专业水平、工作作风、待人态度、兴趣爱好、分析能力、反应能力和口头表达能力几个方面对应试者进行测评。应聘者能否受到用人单位的青睐，从根本上说，取决于自身的基本素质、基本条件是否符合招聘单位的要求。由于面试与笔试相比较具有更大的灵活性和综合性，它不仅能考核一个人的业务水平，而且可以细致地观察求职者的口才和应变能力等，所以许多用人单位对这种方式非常注重。

（一）面试的种类

1.问题式面试 主考官对求职者提出若干问题或一项计划，要求求职者在规定时间内予以解答或解决。其目的是观察求职者在特殊情况时的表现，以判断其心理素质和思考问题能力、应变能力等。

2.模式化面试 主考官根据预先准备好的面试题目和相关的细节性问题，向应试者逐一发问。其目的是获得有关求职者全面、真实的情况，观察求职者的仪表、谈吐和行为，以及方便主考官与求职者相互沟通意见等。

3.自由式面试 主考官与求职者海阔天空、漫无边际地进行交谈，气氛轻松活跃，让求职者自由地、无拘无束地发表议论。此举的目的是在闲聊中观察求职者在比较轻松的情况下表现出来的谈吐、举止、能力、知识、气质和风度。

4.压力式面试 由主考官有意识地对求职者施加压力，就某一问题或某一事件作一连串的发问，详细具体且追根问底，直至无以对答，甚至有意识地刺激求职者，看求职者在突如其来的压力下能否做出恰当的反应，观察其心理承受程度和思维的敏捷、机智程度以及应变能力。

5.情景式面试 由主考官事先设定一个情景，在这个情景中预设几个问题，让求职者进入角色模拟完成，通过完成的效果来考察求职者在分析问题、解决问题以及应变等方面的综合能力。

6.综合式面试　由主考官通过多种方式考察求职者的综合能力和素质。如用外语与其交谈，要求即时作文，即席演讲，或要求写一段文字，甚至操作一下计算机等，以考察其外语水平、文字能力、书法、口才表达、电脑应用等各方面的能力。

7.隐蔽式面试　一种特殊形式的面试，主考官不到面试现场，主要通过暗中观察求职者的言行举止来评价求职者。这种方式因其隐蔽性可以使观察者获得求职者在自然状态下的真实表现，故受到一些用人单位的欢迎。而毕业生则常常因为其隐蔽性而放松警惕，有的甚至在这种面试中失败了也浑然不知。

8.无领导小组讨论　由一组应试者组成一个临时工作小组，讨论给出的问题，并做出决策。它通过一定数目的考生组成一组（8~10人），进行一小时左右的与工作有关问题的讨论，讨论过程中不指定谁是领导，也不指定受测者应坐的位置，让受测者自行安排组织，评价者观测考生的组织协调能力、口头表达能力、辩论的说服能力等各方面的能力和素质是否达到拟任岗位的要求，以及自信程度、进取心、情绪稳定性、反应灵活性等个性特点是否符合拟任岗位的团体气氛，由此来综合评价应试者之间的差别。

以上几种面试是根据面试的内容划分的。在实际面试过程中，主考官可能只采取一种面试方式，也可能同时采用几种面试方式。

（二）面试的注意事项

1.答问技巧　在回答主考官的问题时，应注意以下几点。

（1）把握重点、条理清楚　一般情况下，回答问题要结论在先，议论在后，先将中心意思表达清楚，然后再做叙述，一定要有逻辑。可先打好腹稿或者在主考方提供的纸张上完成草稿。

（2）讲清原委，避免抽象　一般情况下，主考方对面试者提问是想了解求职者的具体情况，所以不可简单地仅以"是"或"否"作答，有的需要解释原因，有的则需要进一步说明其中的细节。

（3）确认提问，切忌跑题　面试中，招聘者提出的问题过大，以致不知从何答起，答非所问；或求职者对问题的意思不明白是常有的事。因此，可以将问题重复一遍，确认其内容，才能有的放矢，不致南辕北辙、答非所问。

（4）回答完毕，适时沉默　讲完事实以后，保持最佳状态，好好思考你的回答。不要滔滔不绝、口若悬河地讲个不停，否则会影响面试考官的给分。

（5）冷静对待，宠辱不惊　招聘者中不乏刁钻古怪之人，可能故意挑衅，令人难堪。作为一种战术提问，它会让你不明其意。故意提出不礼貌或令人难堪的问题，其意在于"重创"求职者，考察"适应性"和"应变性"。你若反唇相讥，恶语相对，就大错特错了。

（6）实事求是，坦率诚恳 知之为知之，不知为不知。面试中常会遇到一些不熟悉、曾经熟悉现在忘了或根本不懂的问题。面临这种情况，回避问题是失策，牵强附会更是拙劣，诚恳坦率地承认自己的不足之处，有个人见解和特色，反倒可以赢得招聘者的信任和好感。主考官接待求职者若干名，相同的问题要问若干遍，类似的回答也要听若干遍。显然，只有具有独到的、有个人见地的回答，才会引起对方的兴趣和注意。

（7）回答难题的语言技巧 在面试中，遇到十分棘手和确实难以回答的问题时，要采用一些技巧有效地进行"回避"，以达到摆脱困境、争取成功的目的。

2.发问技巧 面试时若招聘者问你有没有问题，则可以适当问一些问题，并且应该把提问的重点放在招聘者的需求以及你如何能满足这些需求上。通过提问的方式进行自我推销是十分有效的，所提问题必须是紧扣职责的。

3.谈话技巧 因为主考官对应聘者进行面试，就是要通过交谈来深入了解对方是否有真才实学，是否具备良好的应变能力、推理能力和判断能力，以及为人处世的态度等自然流露的信息，因此，如果不能将你的素质通过谈话的艺术表现出来，就意味着面试的失败。

4.保持交谈心态 作为应届毕业生初次参加应聘，如何摆正自己的心态，在很大程度上关系着应聘的成败。

（1）展示真实的自己 面试时切忌伪装和掩饰。

（2）平等面对招聘者 面试时以平等的心态对待招聘者。

（3）保持坦诚的态度 做人优于做事，人格的魅力最重要。

5.留意面试结束细节

（1）适时告辞 面试不是闲聊，更不是谈判。面试是陌生人之间沟通、熟悉的过程。谈话时间的长短要视面试内容而定。招聘者认为该结束面试时，往往会说一些暗示的话语，如"谢谢你对我们招聘工作的关心，我们做出决定就会立即通知你""你的情况我们已经了解了"。求职者听了诸如此类的暗示语之后，就应该主动告辞。

（2）礼貌作别 面试结束时的礼节也是招聘单位考察录用的一个砝码。成功方法在于，首先不要在招聘者结束谈话前表现出急欲离去的状态。其次，告辞时应感谢对方抽出时间同你面谈。临走时，也应向接待员、秘书致谢告辞。在走出办公室时先打开门，然后转过身来向主考官鞠一躬并再次表示感谢，轻轻将门关上。

（三）面试的礼仪

毕业生在求职面试过程中，一定要重视礼仪举止方面的问题，因为它直接影响主考官对求职者总体印象的好坏，进而决定是否录用。一般而言，影响第一印象形成的因素主要是外貌和着装占50%，语气与声音占40%，言谈与举止占10%。因而，毕业生求职必须注重礼仪，保持仪容干净、仪表整洁、仪态大方。求职面试的基本礼仪主要是注意以下八个方面。

1.遵守时间 参加面试应按约定的时间前往，最好提前10分钟到达面试地点，以显示自己求职的诚意，使对方认为你是一个守时的人。面试时迟到或是匆忙赶到都是致命的，而提前半小时以上到达亦会被视为没有时间观念。如果迟到，一定要向对方如实说明原因，以求得到谅解。

2.耐心等候 到达面试地点后要在等候室耐心等待或在办公室的门外等候，并保持安静及正确的坐、立姿势。即使面试顺序轮到你了，当走到门口时，如果发现主考官正与其他人交谈时，也应在门外耐心等候，即使等候时间稍长一些，也不能贸然进去。

3.敲门进入 假如要敲门进入，敲两回是较为标准的，且用力适中，太轻或太重都不合适。当办公室打开时，要有礼貌地说声"打扰了"，然后转过身去正对着门，用手轻轻将门合上，切勿进门后从背后随手将门关上，重重关门更不合适。然后向考官们表明自己是来面试的。如果面试室里有几个人，其中一个给你介绍其他人时，你应该点头致意或主动问候，并努力记住每个人的姓名、职务；当对方伸出手时，你要及时与他握手，握手时力度适当，忌主动伸手。

4.落座自然 进入面试室后，不能马上坐下，等主考官告诉你"请坐"时方可落座。坐下后不要背靠椅子，也不要弓着腰，并不一定非要把腰挺得很直，这样反倒会给人留下死板的印象，应该很自然地将腰伸直。一些小动作诸如抓耳挠腮、架二郎腿等一定要避免，免得让人生厌。

5.言行大方 回答主考官的问题时，不要东张西望、心不在焉，眼睛要注视对方。如果主试者有两位以上，回答谁的问题，目光就该移向谁。且口齿要清楚，声音适中，答话要简练、完整，不用口头语。

6.善于聆听 不能随便打断主考官说话，这样既能表现得懂礼貌，又能更准确地抓住问题的要点和实质。如果遇到不明确的部分，可说"对不起，我未听清"。主考官通常会进一步稍加解释。这样既能搞清问题，又可以给对方留下虚心诚恳的好印象。

7.适度配合 面试中，对方问你的问题，你都要认真回答；对方向你介绍的情况，你都要认真听。为了吸引对方更热心地给你介绍情况，你可以在适当的时候点头或答话。

8.态度谦和 在整个面试过程中，要保持举止文雅，谈吐谦虚，态度和蔼。虽然这些都是细微的小事，但事实上这些礼仪对求职者能否被录用有很大关系。

实践训练

1.每个人都曾经有过笔试的经历，都曾有过成功和失败。请根据自己参加笔试时的经验和教训，认真分析其中成功的经验和失败的教训。

2.给某医院人事科写一封自荐信。

3.制作一份个人求职简历（电子版）。

4.分组分别扮演招聘者和应聘者，模拟招聘面试。就模拟的准备、过程、标准以及结果，还有出现的成绩和不足，写篇小论文。

（唐元兢）

第六章　医学生就业权益保护

章首语

　　医学毕业生就业侵权是指毕业生在就业过程中，用人单位因为各种不合理或不合法的理由，对毕业生进行区别性、排斥性对待，导致毕业生的合法权益受到侵害，并因此造成毕业生无法实现就业并获取报酬，依法律规定应当承担民事责任的行为。侵权行为在高校毕业生就业过程中是一种屡见不鲜的现象，毕业生往往为了找到工作，而忽视对自身合法就业权益的保护，有的毕业生甚至根本就不懂如何保护自己的合法就业权益，导致用人单位侵犯毕业生合法权益。

学习目标

　　1.了解就业过程中的基本权利、义务与常见的侵权行为，以及就业过程中常见的就业陷阱，提高自我防范意识。

　　2.掌握就业协议与劳动合同的签订程序与原则，以及权益保护的方法与途径，维护个人的合法权益。

案例

多了解权益，少遭受损失

　　王同学和赵同学通过求职网站，相约来到一家民营医院应聘拓展部工作人员。面试、笔试各个环节进行得都非常顺利，最后，面试负责人通知两位同学被录用。试用期的主要工作是联系来医院体检的团体客户，同时，试用期小王和小赵每人必须交纳3000元的押金。交押金的目的是保证医院利益不受损失，试用期结束后医院将退还押金。初试锋芒的成功让两人兴奋不已，因此并未多想，就从银行取款交纳了押金，开始着手完成他们试用期的工作任务。接下来一个月的时间里，他们按照医院指定的区域联络客户，分头忙碌起来，每天从医院到各家单位往返奔波。然而一个月下来，竟然没能联系到一家客户，于是他们只好如实向医院拓展部有关负责人说明了情况。经过一番交涉，该负责人遗憾地表示，由于均未能完成任何医院交办的任务，两人都不能被最终录用，并且，在一个月期间两人因涉及医院业务发生的部分费用支出要从当初交纳的押金中扣除。没能完成医院交办的任务，固然让王同学和赵同学感到歉疚，但当初交纳的押金因各种原因被部分扣除，也让他们感觉难以接受。

分析 初涉职场的医学生对社会的复杂性往往缺乏必要的认识和了解，一些用人单位甚至不法之徒，也正是利用了医学生这种急于找到工作但又缺乏必要社会经验和知识的弱点，侵害医学生的就业权益，甚至利用医学生进行违法犯罪活动。医学毕业生的就业权益之所以屡屡受侵害，原因主要来源于三个方面：①供需双方信息不对称；②相关操作程序不规范，缺乏有效的市场监管；③医学生维权意识匮乏，权益救济机制难以发挥有效作用。而信息渠道不畅通，供需双方信息不对称是最为重要的一个原因。很多招聘单位往往利用信息渠道的不畅通和招聘渠道的种种漏洞制造求职陷阱。常见的求职陷阱有以实习、试用为名，收取各种形式的"风险抵押金""保证金"；以招聘销售人员、市场营销人员名义骗人加入非法传销网络、发放"小广告"；网络欺骗等。

医学毕业生就业，坚持公开、公正、择优、自愿的原则，实行双向选择，毕业生与用人单位享有各自的权利，也必须履行各自的义务。医学生必须熟悉有关就业的法律知识，了解劳动者和用人单位的权利与义务，维护自身的合法权益。

一、就业享有的权利

根据《中华人民共和国劳动法》，医学毕业生就业享有劳动者的基本权利，具体如下。

（1）在国家政策规范范围内自主择业。

（2）享有学校提供的就业指导和服务。

（3）向用人单位自荐及被学校推荐。

（4）了解所选单位的基本状况、工作安排、福利待遇等情况。

（5）与用人单位签订就业协议。

（6）享有协议规定的权利并向违约者提出赔偿要求。

（7）在就业过程中依据法律和国家有关规定应享有的其他权利。

二、就业过程中应当履行的义务

（1）遵守国家就业政策及据此制定的具体规定。

（2）向用人单位如实介绍个人基本情况。

（3）严格按照就业协议及其他合法约定履行相应义务。

（4）承担由自身违约带来的相应责任。

（5）依法履行其他义务。

三、求职过程中常见的侵权行为

（一）欺骗宣传

一些用人单位在招聘时夸大单位规模、发展前景、工资待遇等情况，或者隐瞒单位实情；有的用人单位千方百计地去了解毕业生的情况，却设法回避毕业生提出的想要了解单位的问题。这些都将导致毕业生与用人单位之间的信息不对称，侵犯毕业生的知情权。更有甚者，恶意欺骗宣传，宣称"高薪""高福利""高职位"，诱惑毕业生从事名不副实的工作，严重损害毕业生利益。如某企业抛出低工资、高奖金的制度吸引应聘者，扬言做得好月薪可达万元，其实是在几乎没有底薪的情况下领取苛刻的销售提成。要知道，管理规范的优秀企业通常会淡化奖金、提成这些易于滋生副作用的做法，只有那些急功近利、员工流动性大的企业才会反其道而行之。广大毕业生应脚踏实地，不要投机取巧，不要相信天上能掉馅饼，要增强抗拒诱惑的能力，避免落入不法分子的圈套。

（二）招聘歧视

平等就业是毕业生应有的法律权利，但近些年出现了不少招聘中的歧视行为。

1.性别歧视　有的用人单位不顾社会责任，片面追求利益最大化，逃避劳动法赋予用人单位对女职工的特殊义务，在招聘员工时或私下或公开规定"只招男生"或"男士优先"。

2.身体歧视　一些用人单位在缺少相关规定的情况下将身体有残疾或疾病的人拒之门外，剥夺了这群人的就业机会；还有一些单位在并无必要的情况下对应聘者的身高、相貌提出要求。

3.户籍歧视　有的用人单位只招收本地户口的毕业生，或者没有本地户口就必须有本地户口居民的担保，抬高了外地户口毕业生就业的门槛。有的地方政府为了保护本地人口就业，制定不合理的人才准入制度，使本地单位无法招收外地户口的毕业生，或者无法使外地户口的劳动者成为正式职工，严重限制了人才的合理流动。

以上歧视行为侵犯了广大毕业生的平等就业权，需要理直气壮地予以谴责。

（三）违规收费

国家有关部门早就明文规定，用人单位不得以任何名义向应聘者收取报名费、押金、保证金等费用，对员工的培训费用应当从成本中支出。可有些用人单位却对此置若罔闻，巧立名目向应聘者收费。毕业生迫于工作的需要往往只得就范。然而不少企业在收取了费用后便为所欲为，或者怠于履行义务，或者向求职者得寸进尺地提出更过分的要求。因此毕业生在求职时要区分用人单位哪些做法是合理的，哪些做法是不合理的，对于各种巧立名目的收费要坚决抵制。

（四）侵犯隐私

毕业生在求职时，会在相关领域如网络和求职材料上留下自己的信息资料，比如姓名、年龄、身高、学历、电话、身份证号等，这些信息属于个人隐私的一部分，未经本人同意不得公开、泄露、出售。但可能因为各种原因，如工作人员的疏漏、网络软件的缺陷、不法分子的圈套等，这些信息常被用来侵害当事人利益或谋求商业利益。因此，毕业生求职时不要随便将个人资料留给不可靠的单位和个人，投放网络时要选择安全防范能力强和可靠性高的网站，同时注意保密设置内容的选项。在面试时，一些用人单位的提问会涉及个人隐私，如果与工作无关或者出于恶意，毕业生有权拒绝回答；如果是出于安排合适岗位的考虑或者考察应变能力，毕业生可以视情况回答。用人单位获得毕业生的隐私信息后，负有保密的义务，否则构成侵权。

（五）虚假试用

一些不法企业利用试用期廉价使用毕业生。规定试用期是正常的招聘行为，但有些企业在试用毕业生时劳动强度高、工资报酬低，在试用期结束后又借口种种理由辞去毕业生，更有甚者，还向毕业生收取所谓的培训费。所以广大毕业生在求职时一定要就试用期问题在合同中明确约定；在试用期间要注意保留有关工资、工作时间、工作能力的证据，以备必要时维护自己的权利。

（六）合同陷阱

毕业生尤其要防备一些素质低下的私营企业主设置的合同陷阱。近年来，社会中出现了一些严重违反法律的无效合同。下面介绍这些非法合同，希望广大毕业生提高警惕。

1.**暗箱合同** 此类合同中的权利和义务一边倒。有些企业，尤其是私营和个体工商户与劳动者签合同时，多采用格式合同，根本不与劳动者协商，不向劳动者讲明合同内容。在合同中，只从企业的利益出发规定用工单位的权利和劳动者的义务，而很少或者根本不规定用工单位的义务和劳动者的权利。

2.**霸王合同** 此类合同一般是以给劳动者或其亲友造成财产或人身损失相威胁，迫使对方在违背真实意愿的情况下所签订的。比如，某企业看中一名技术员后，先与该技术员的亲朋好友订立劳动合同，然后再与该技术员谈判，强迫与其订立劳动合同，否则就以解雇其亲朋好友相威胁。

3.**"生死"合同** 部分用人单位不按劳动法的规定履行劳动安全义务，妄图以与劳动者约定"工伤概不负责"的条款逃避责任。签订这类合同的往往正是从事高度危险作业的单位。这类企业劳动保护条件差、安全隐患多、设施不安全，生产中极易发生安全事故。

4.**"卖身"合同** 具体表现为一些用人单位与劳动者在合同中约定，劳动者一切行动服从用人单位安排，一旦签订合同，劳动者就如同卖身一样失去人身自由。在工作中，加班加点，强迫劳动，有的甚至连吃饭、穿衣、上厕所都规定了严格的时间，剥夺了劳动者的休息权、休假权，甚至任意侮辱、体罚、殴打和拘禁劳动者。劳动者的生活、娱乐和人身自由受到严格限制。

5.双面合同　一些用人单位与劳动者签订合同时，准备了至少两份合同。一份是假合同，内容按照劳动部门的要求签订，对外应付有关部门的检查，但在劳动过程中并不实际执行；一份为真合同，是用人单位从自身利益出发拟定的违法合同，合同规定的权利、义务极不平等，对内用以约束劳动者。

（七）非法中介

一些不法分子冒充合法机构，通过广告宣传，虚构招聘岗位，收取中介费后便人间蒸发。更有些私人机构相互勾结，串通欺骗求职者，举办所谓的招聘会，接收大量简历，却不招一兵一卒，意在敛取求职者的钱财。奉劝广大毕业生不要轻信那些无相应资质的中介机构和场所，求职应去政府举办或者政府审查许可的有信誉的人才市场和人才服务机构。

医学毕业生享有合法权益，若遇侵权，毕业生可通过以下途径对自身权益实施保护。

1.毕业生就业主管部门的保护　毕业生就业主管部门可通过制定相应的规范来确定毕业生的权益，并对侵犯毕业生权益的行为予以抵制或处理。

2.学校的保护　学校对毕业生权益的保护最为直接。对于用人单位在录用毕业生过程中的不公平、不公正行为，学校有权予以抵制。对于用人单位与毕业生签订不符合有关规定的就业协议，学校有权不予同意。

3.毕业生自我保护

（1）毕业生应了解目前国家关于毕业生就业的有关方针、政策、规范及它们之间的关系，熟悉自己在就业过程中的权利和义务。

（2）毕业生应自觉遵循有关就业规范，保证自己的就业行为不违反就业规范，不侵犯其他毕业生的合法权益。

（3）毕业生应学会运用法律手段维护自身的合法权益。毕业生有权向用人单位上级主管部门和学校申诉，同时也可提交给当地的劳动争议仲裁机构进行调解和仲裁，或直接向人民法院提起诉讼。

（4）谨慎保管重要证件。身份证、社会保障卡、护照、户口簿等应谨慎保管。

实践训练

1.请自学最新的《中华人民共和国劳动合同法》，并找出与毕业生就业紧密相关的条款。

2.在和用人单位签订就业协议书时，你觉得哪些内容需要与用人单位进行协商，并且在协议书中应以附加条款的形式体现出来？

3.现在有些正规单位，包括一些大型医疗卫生机构，由于前来求职者众多，常常自己制定一些用工的"霸王条款"，本着应聘者"你爱来不来"的心态招聘。在试用期也不签订任何合同或协议，更不帮试用期员工购买保险。请你想一想，如果你去这样的单位应聘，应该通过何种机构，怎样维护自己的正当合法权益呢？

（蒋　芬）

第七章 医学生职业角色转变

章首语

　　医学生是大学生中一个独特的群体，是指正在接受医学院校医药卫生知识的系统教育、尚未进入医疗卫生职业领域的学生。21世纪生命科学的发展，要求医学生不仅要掌握医学专业知识，还要更多地汲取其他学科的知识，具备合理的知识结构。医学生要明确自己的角色特点，通过职业角色学习，尽快适应新的职业身份，并通过角色协调尽可能地降低角色冲突，提高角色扮演能力，才能在踏入社会时，及时转变观念，实现从医学生到职业人角色（医务工作者）的成功转变。本章着重探讨医学生职业角色转变的内容。

学习目标

　　1.掌握医学生的角色特点及医院岗前培训的职业角色要求。

　　2.熟悉从医学生到职业人的角色转变过程。

第一节 医学生角色定位

一、角色的概念

　　"角色"一词源于戏曲术语，指戏曲或电影、电视剧中演员扮演的剧中人物。社会角色是指与人的社会地位、身份相适应的一整套权利、义务和行为模式。社会角色不仅反映一定的社会地位和行为模式，也包含了社会对处于特定地位的人的行为的期望。社会角色的获得是在人的社会化过程中，师长、学校、社会综合施加教育以及个体学习的结果。人在社会中的一切行为都是与各自特定的角色相联系的。一个人在社会生活中，往往同时或先后处于多重角色的状态，个人的价值正是在扮演一个个角色中实现的。人的角色意识是指人们对其担负的角色，以及与之相适应的身份、地位、权利、义务和必须执行的规范的认识，它以观念的形式存在于人的头脑中，具有一定的指向性和能动性，对人的行为起着调节和驱动作用，自觉地指导人们"做什么""如何做"。可以说，一个人角色意识水平的高低，影响、制约着他们行为的动力、方向和水平。因此，医学教育首先要培养学生具有明确的角色意识，使他们能自觉地、主动地按角色期待行事，并恰当地承担起社会角色。

我们每个人都生活在一定的社会关系和社会组织中，每个人在社会中都有属于自己的多重角色，人的一切行为都与各自所扮演的社会角色相联系。这些角色的行为规范都是我们要熟知和掌握的。只有找准角色定位，把握好角色规范的要求，才能努力发挥出与角色地位相适应的作用，实现自己的社会价值和个人价值。

在社会实际生活中，由于每个人受教育程度、文化素质、个人能力和社会实践等多种因素的影响，对角色的领悟和实践结果肯定是不尽相同，甚至有很大不同的。但是，社会赋予每个角色的却是一种特定的、公认的标准。按照社会对角色的期望、个体对角色的理解和个体在实际工作中对角色的践行程度，社会角色一般表现为以下三个层次。

1.理想角色 即期望角色。这是社会对处于各个行业、岗位的人的有关权利和义务的规范的全面的、标准的要求。它属理论层面。

2.领悟角色 即感受角色。受个人文化、素质、认知能力和环境等因素的影响，每个人对自己担当的角色的理解各不相同，它是个人主观上的认识。

3.实践角色 即表现角色。是个人在职业、岗位上实际表现出的角色行为，是客观存在的，一般来说实践角色与理想角色都会存在着一定的差距。

在社会生活中，每个人在社会、在岗位、在家庭都分别担当着不同的角色，都是集多重角色于一身的。这些不同的角色相互联系、相互依存、相互补充，构成了一个人多维度的角色形象。但在这众多角色之中，社会角色和职业角色是两个最重要的角色。

二、医学生的角色特点

1.角色定位 医学生正处在学习、积累、实践、拓展阶段的角色，是在为将来走上工作岗位、成为医务工作者打基础、做准备的角色。医务工作者，是指受过高等医学教育或长期从事医疗卫生工作的、经国家卫生部门审查合格的高级医务卫生人员。医学生角色与医务工作者角色之间，既有明显的区别又有密切的联系。

医学生是一个特定阶段的角色，是一个过渡性的角色，是一个转变过程中的角色。医学生因为没有获得医务工作者的职业资格，不能担负起医务工作者的职责，因而与医务工作者有着严格的区别；但作为医学生，他们是医务人员的预备队，是医疗卫生事业发展的后备力量，因而又与医务工作有着非常密切的联系。每个医学生在毕业之后都存在着一个角色转变问题，而其中绝大多数人面临的是从医学生到医务工作者的角色的转变。这种角色的转变，不是因为时间到了、毕业了就自然转变了，也不是因为地点变了、走上工作岗位就自然转变了。从医学生到医务工作者的角色转变需要一个过程，是一个由量变到质变的过程，不是一蹴而就的。在这个过程中，需要学习医学基础知识、医学专业知识、医疗诊治技能等，需要不断的实践操作训练，需要学习和养成良好的医学道德品质，需要培养严谨认真的工作态度，需要强化人际沟通能力等。

因此，医学生的角色定位是未来的医务工作者。医学生正处于学生向医务工作者转变的演化期，必须经过对自身角色规范的认知、感悟、生情、升华、定位等，才能最终凝练成良好的职业品格。

2.角色意识培养 由于医学生和医务工作者二者之间存在着非常密切的联系，所以，每个医学生从入学起就应该有意识地培养自己的医务工作者角色意识，为顺利进行角色转变打下坚实的基础。

（1）提高医学生思想素质，树立医学生角色意识。医学生从进入医学院校学习开始，就要在思想上确立自己的目标，明确树立医务工作者的角色意识，学校也应采取各种形式帮助学生强化作为医务工作者的角色意识。如：通过讲授专业课和公共课等理论教学内容，使学生了解医务工作者的职责、医务工作者应具备的知识结构和素质、医务工作者应具备的道德品质，增强其作为一名医务人员的自豪感，树立医学生作为未来医务工作者的角色意识。

（2）从点滴做起，强化医学生角色意识。医务工作者应具备良好的道德修养、强烈的责任感、严谨的工作作风，具有不怕苦、不怕累的奉献精神等。这些优良品质的养成，需要严格的自律，需要从点滴入手，需要从身边小事做起，需要从自己做起。每个学生在日常的学习、工作和生活中，应注意养成良好的学习习惯、工作习惯和生活习惯，培养自己对他人、对事业、对社会的责任感，培养吃苦耐劳的精神和一丝不苟的工作作风。这样就能为将来担任医务工作者角色打下坚实的基础。

（3）从培养医学生的职业作风和职业责任心着手，强化医学生角色意识。医学生在校期间，可通过角色扮演、严格的实验操作训练以及开展规范行为达标竞赛等灵活多样的教学方式和丰富多彩的校园活动，培养良好的职业风度、严谨求实的精神、耐心细致的作风、端庄大方的举止、温和得体的语言、乐观稳定的情绪、坚忍顽强的意志和熟练的人际沟通技巧等，从而促使自己尽快融入职业角色。另外，学校通过开展青年志愿者活动，使学生初步认识社会、了解社会、了解患者需要，进而了解医务工作者的社会职责和义务，增强学生的职业责任感和关心患者、服务患者的意识，为将来扮演好职业角色奠定思想基础。

（4）在角色社会化的实践过程中适应医学生角色职责。角色的社会化是指个人学习知识、技能和社会规范，在发展自己的同时与社会达成一定程度的一致性，从而取得社会成员的资格，担当合格的社会角色的过程。社会的存在和发展，需要新一代人接替由于老一代人的退出和死亡空缺的角色，继续其未完成的事业。医务工作者角色的社会化实际上从医学生入学之日就已经开始了，这个社会化过程就是通过公共课、医学基础课、专业课等的学习，通过专业技能的训练，通过见习、实习等与患者的接触和对患者的诊治，由一个普通人转化为一个能胜任医疗卫生工作的医务工作者。这个过程是日积月累的，也是循序渐进的，同时还是理论与实践相结合的过程。医学生角色意识的培养，就是要在这个看似没有什么区别的过程中达到量的积累，实现质的飞跃。因此，抓紧每一天的学习和实践机会，不断充实完善自己，就能逐渐成长为一名合格的医务工作者。

第二节 从学生到职业人的角色转变

人处在不同的社会地位、从事不同的社会职业（或中心任务）都要有相应的个人行为模式，即扮演不同的社会角色。通常一个人在不同的环境和条件下会扮演不同的社会角色，也就是说每个人都有多重的社会角色。比如对于教师身份的人来说，在学生面前是老师，在儿子面前是妈妈，在领导面前是职工。但无论是什么样的社会角色，下班回家，就要从职业角色变换为家庭成员角色。这种经常性的由上级到下级、由领导到子女、由学生到老师、由主人到客人等多元的变换即为角色转变。

职业角色转变是指因所从事的职业（或中心任务）的变化、职务的升迁等所产生的新旧角色的转变。医学生毕业就业，其实就是由学生转变为职业人（医务工作者）的一个职业角色转变过程。新旧角色转变的过程中必然伴随着新旧角色的冲突。医学生应该通过职业角色学习，尽快适应新的职业身份，并通过角色协调尽可能地降低角色冲突，提高角色扮演能力，使自己向职业人的角色成功转变。

一、强化在校职业学习，为医学生角色转变打下基础

跨入大学的医学生们，在懵懂、迷茫和困惑中进入了医学教育的领域，除了极少部分学生有明确的学习目标和职业目标外，很多学生对自己的角色定位都不确定，对毕业后将面临的职业人角色很迷茫，因此，对在校学生进行职业认知教育，培养职业情感，对今后医学生确定职业目标、实现角色转变有着重要意义。

1.刻苦学习，夯实理论基础 医学生特有的就业前景和医学行业特性决定了其必须具备扎实的理论功底，对于理论知识的掌握必须牢靠且能灵活运用到实践操作中去。因此，同学们在校期间的首要任务就是学好各个模块的理论知识，为今后的职业生涯打下坚实的基础。

2.大胆实践，培养职业情感 职业情感是指医学生对医务工作者职业的情感投入及职业给个体带来的情感体验。职业情感直接影响从业人员的职业观念、工作态度和职业精神，也直接影响从业人员在职业准备时期的学习积极性和主动性。职业

情感为职业观念的形成和发展提供最初的思想素材，经过系统化、理论化而成为职业道德的重要组成部分；职业情感也是培养和提高职业知识、技能的内驱力。

参加社区义诊、假期见习、"三下乡"等社会实践，一方面可以帮助大家熟练掌握实践操作技能，另一方面可以增强同学们的学习兴趣，坚定专业信念，使大家体会到医务工作者的神圣使命和职责，增强社会责任感，锻炼医患沟通能力，对建立良好医患关系的必要性有深刻的认识，学到许多书本上没有的知识。实践活动对医学生树立良好的职业情感，对整个在校期间的学习乃至今后的医疗工作、职业角色转变都具有深刻的影响。

3.树立目标，规划职业生涯 职业目标可以坚定职业信仰，提高同学们对未来工作的认识、尊崇和信服，增强学习的积极性；职业目标可以强化职业情感，热爱自己选定的专业和未来的职业，激发学习动机。

二、保质保量完成实习学习

临床实习是医学生将所学的理论知识与所要从事的医疗实践相结合的必经之路，是最终成为一名优秀的医务工作者不可缺少的重要环节。在实习的过程中，我们操作的对象不再是同学和模型，而是实实在在的患者。我们将第一次值夜班，第一次服务患者，第一次参与手术，第一次直面生死……益阳医专每年都会开展实习巡回检查，老师们每年都会和实习同学促膝而谈，而每年同学们感触最深的就是："实习让我学到了太多，十个月所收获的知识和经验甚至超过了在校两年所学到的。"

医学生的临床实习是学校教育的转化和延续，是从学生到临床实习生，从学校到病房的转变。在这个转变中面临着角色的转变，学生从学校有规律的学习生活转入医院繁忙的实际工作，由学生角色转变为患者心目中的医务工作者。实习期间的角色转变又是影响其临床综合能力的关键。因此，同学们一定要按照所学专业的实习大纲和实习计划，在实习单位和带教老师的指导下保质保量地完成实习学习任务，提前完成由医学生向医务工作者的角色转变。

在离校实习之前，同学们应该在思想上和知识上做好充分的准备，为实习的顺利开展打下坚实的基础。

1.思想上的准备

（1）树立信心 面对即将到来的实习生活，实现从学生到医务工作者的转变，或多或少会产生畏难情绪，要乐观面对，相信自己。

（2）端正态度 正确的态度不仅包括虚心向带教老师求教，还包括如何对待和学习医学这门科学的态度，以及如何对待患者及其家属的态度。医学是自然科学和社会科学的有机结合，作为一名实习生要以严谨认真的态度对待这门科学，还要看到它的研究对象是人而不是物，因此，把患者当成试验品或看成自己学习工具的想法是绝对错误的，也是绝不允许的。

（3）明确目的　实习的目的是通过将理论知识与临床实践相结合，实现从学生到医务工作者的转变，从中学会应该做什么，不应该做什么。

2.知识上的准备

（1）专业知识的准备　在校期间，所有的学习科目都是为了实习以及今后工作做准备。由于医学知识涉及的科目繁多，有些内容将会逐渐生疏，甚至遗忘，而进入临床实习又需要经常运用这些知识，所以有必要对这些知识进行温习。建议同学们在进入实习之前，将所学的科目浏览一遍，针对学得不好的内容，特别是与临床密切相关的内容进行温习和补救。同时，不要忘记携带教材和参考书，遇到问题，可以及时翻阅。

（2）常用临床操作的准备　在校期间，同学们的临床操作是在模拟器具上完成的，对时效性和安全性的要求不够严格。而临床实习，则要求在短时间内准确无误地在患者身上完成各种操作。因此，在实习之前要对常见的操作加强练习，熟能生巧。

（3）实习单位规章制度的学习　规章制度是实习单位维持正常运行的重要前提。俗话说"没有规矩不成方圆"，会议制度、请示报告制度、门诊接诊制度、值班交接班制度、入院出院转院转科制度、检诊制度、查房制度、病历书写制度、医嘱制度、处方制度、会诊制度、查对制度、重危病员抢救制度、临床病历讨论制度等，都是大家应该学习和掌握的。

三、积极参加岗前培训

医院岗前培训是医院对新进人员（包括实习的医学生）进行集中培训，使新进人员了解医院概况、医院的相关规章制度，熟悉适应医院环境所进行的一项人力资源管理活动。成功的岗前培训是提高职工综合素质，培养新时期复合型人才的基础，是提高医院核心竞争力，培养新进人员荣誉感和归属感，指导新进人员职业生涯的重要措施。

医学生岗前培训作为临床实习的基础和开始环节，对于提高医学生实习质量非常关键。医学生在学校所学习的理论知识与临床实践工作存在着一定的差异，临床实习为医学生的实践学习提供了平台。而实习生首次上岗时角色递进跨度大、应变能力弱、适应能力差、语言交流能力缺乏、动手能力弱、自我安全意识淡薄，要在较短的时间内进行角色的转变，必然要有一座过渡衔接的桥梁，而实习前的岗前培训正是这一实质的内涵体现。因此，岗前培训对于临床实习质量的提高起着重要的作用，是医学实习的基础，也是医学实习教学中承前启后的环节。

医院岗前培训是医学生步入社会的第一课，是职业生涯的起跑线。如何认识、理解这个职业，带着什么样的目的、宗旨来到单位，来到医院，拥有什么样的素质、以何种精神状态开始起跑，都是需要思考的问题，因此岗前培训起着十分关键的作用。每一位新上岗员工必须认真参加岗前培训，充分认识自己的职业，以一种正确、健康的目的和动机进入工作岗位，在具备良好基本素质的基础上，在一个较高的起点上起跑，为自己的职业生涯奠定牢固的思想基础和能力基础。

培训后的新进人员在个人素质、专业技能、职业道德风貌等方面将更加符合医院工作人员的标准，因而更能保障医院医疗的安全性，使医院医疗服务质量和医疗技术不断向前发展。医学生通过多种形式的岗前培训，可以消除对工作的陌生感、恐惧感，对即将开始的工作有信心，实现角色转变，增强适应能力、使命感和责任感，增强工作主动性和法律安全意识，提高工作效率，提升医疗服务质量。

四、尽快适应新岗位，实现由医学生到职业人的完美转变

参加完岗前培训后，我们就要正式走上医学工作岗位，面对与校园生活完全不同的环境与角色，有很多东西需要学习与适应。要实现由学生向职业人（医务工作者）的顺利转变，必须从以下方面着手。

1.调整心态，以归零的勇气面对现实 十多年的学校生活，使得每一位医学生在学习、生活和思维方式上都养成了一种相对固定的习惯，因此，初次走向工作岗位，医学生对学生角色仍存依恋，习惯以学生角色待人接物，而对职业人角色抱有畏惧的心态。

另外，医学生还存在盲目自傲、浮躁的心态和不稳定的情绪、情感，常常对职业角色的理解不够全面和准确，认为自己接受了比较系统正规的高等教育，拿到了学历，学到了知识，已经是比较高层次的人才了。过高评价自己，而不能审时度势。他们只想指点江山，而不愿从基层做起。他们太在乎自己"天之骄子"的光圈，而放不下大学生的架子。因而，往往看不起基层工作和基层工作人员，甚至认为一个堂堂的大学毕业生干一些琐碎的不起眼的工作是大材小用，有失身份。有这种观念的医学生，在工作中往往高不成低不就，不能专心地投入，只能眼睁睁看着一个个机会从面前溜走。其实，能将一件小事做好的人，一定是一个踏实肯干的人；一个从基层一步步做起的人，一定是一个胸怀大志的人。当你在做这一切的时候，其实是在给自己的未来投资。

因此，要实现由学生向职业人的转变，首先要调整心态，明白自己已经由学校环境进入职场环境，面对的人群已经由老师、同学变成老板、同事，生活的主旋律已经由学习、索取变成工作、奉献，自己已经不再是人际关系单纯的学生，而是人际关系相对复杂的职员。要摒弃自己对学生角色依恋和对职业人角色畏惧的心态，摒弃高傲、浮躁的作风，以归零的勇气，做一张白纸的态度，真实地面对现实，挥手告别过去，让过去成为历史，从头书写自己的职业人生涯。

2.拒绝抱怨，平和心态，直面坎坷 调整就业心态，做好心理准备是角色转变

的基础。过硬的职业技能对角色转变固然重要，但充分的心理准备更是不可缺少的，因此医学生要有"直面困难"的心理准备。人的一生，事业不可能一帆风顺，如果心理准备不足，有时会产生过激情绪，导致能力低下。调整心态，"胜不骄，败不馁"是事业成功者的必备素质。

有人说：坏心情是想不开时折磨出来的。其实，现实并没有你想的那么糟糕。人生有高峰也有低谷，根本没有一帆风顺的人生。要拿得起、放得下，拿得起是一种勇气，放得下就是一种胸怀。任何人都不能保证自己一生都不会有困难和坎坷，因此，要正确看待工作中遇到的困难和坎坷，抱怨社会，反而会让自己的心情变得糟糕。面对困难，首要的是战胜自我。战胜了自我，战胜困难就有了可靠的支点。每个人在遭遇困难时，都不能消极地等待他人和社会的救助，而应该首先想到依靠自身的努力摆脱困境。要在客观分析造成困难的原因的基础上，总结经验教训，在困难中奋起，使事件朝着积极的方面发展。

医学生需要保持乐观、平和的心态和自信，明白无论是成功还是失败，都是自己的人生，直面坎坷，跌倒了，再爬起来，继续往前行，才能真正实现由学生到职业人角色的转变，完善自己的职业生涯。

3.明确方向，勤奋进取，执着追求　坚持就是成功。大家都知道"背十字架的故事"：每个人都背负着一个沉重的十字架，在缓慢而艰难地朝着目的地前进。途中，有一个人忽然停了下来。他心想：这个十字架实在是太沉重了，就这样背着它，得走到何年何月啊？于是，他拿出锯子，做出了一个惊人的决定——将十字架锯掉一截。他真的这么做了，开始锯十字架……锯掉之后走起来，的确是轻松了很多，他的步伐也不由得加快了。于是，就这样走啊走，又走了很久很久。他又想：虽然刚才已经将十字架锯掉了一截，但它还是太重了。为了能够更快更轻松地前行，这次，他决定将十字架再锯掉一大块。他又开始锯了……这样一来，他一下子感到轻松了许多！于是，他毫不费力地就走到了队伍的最前面。大家看，当其他人都在负重奋力前行时，他呢，却能边走边轻松地哼着歌！走着走着，谁料，前边忽然出现了一个又深又宽的沟壑！沟上没有桥，周围也没有路。这时候也没有蜘蛛侠或者超人出来解救他……他该怎么办呢？后面的人都慢慢地赶上来了。他们用自己背负的十字架搭在沟上，做成桥，从容不迫地跨越了沟壑。他也想如法炮制，只可惜，他的十字架之前已经被锯掉了长长的一大截，根本无法做成桥帮助他跨越沟壑！于是，当其他人都在朝着目标继续前进时，他却只能停在原地，垂头丧气，追悔莫及。这个时候，在他的脑海里回响着一句话：曾经有一个完整的十字架扛在我的肩上，我没有好好珍惜，直到需要它的时候，我才后悔莫及。人世间最大的痛苦莫过于此。

这个故事是一个人生镜鉴。医学生进入工作单位，背上十字架的分量陡然加重，也许会让人生出偷巧之心。"锯子在身内"，指存在于内心的偷巧思想；"锯子在身外"，指偷巧的行为，也指在外部环境的影响下偷巧。"锯子在身内，锯子在身外"，是指有了偷巧（弄虚作假）的心思，就会产生偷巧的行为。锯子的利齿，随时乐意帮你啃掉沉重十字架的末端。但是，深谷不迁就短处，残缺的十字架，只能编织残缺的梦。

因此，我们千万不能抱怨压力大、任务重，一定要记住"捷径，其实是最远的路；偷来的巧，其实是致命的拙"。做任何事情都不能投机取巧，弄虚作假。医学生从学生到职业人角色的转变，是生命中正在经历的一个重要过程，是迈出人生的重要一步。而这一步迈得是否坚实有力，将决定你以后能走多远、能攀多高。我们只有脚踏实地，努力奋斗，走好每一步，才会行稳致远。

伟大的成功和辛勤的劳动是成正比的，有一分劳动就有一分收获，日积月累，积少成多，奇迹就可以创造出来。不做拖延工作的事，及时完成上级交给的任务。天道酬勤——没有人能只依靠天分成功，上帝给予了天分，勤奋才能将天分变成天才。只有坚持、不放弃的人，只有执着追求的人，才能成功。

4.虚心学习，注重沟通交流，尽快进入职业人角色　虚心学习，注重沟通交流是角色转变的重要手段。作为一个职业岗位的新手，要想尽快适应工作岗位的要求，除了要有投入实践的信心和勇气外，还必须充分地了解并熟悉工作环境以及工作对象的特点和规律，从而对新的工作有比较全面的认识和把握。医学生在校期间学习到的知识是有限的，很多知识和能力需要在工作实践中去学习、锻炼和提高。面对全新的职业，医学生需要像小学生那样从头学起。自己不会做没关系，要及时请教、多方学习，尽快学会。在初到工作单位的一段时期内，特别应该主动地关心和收集有关的信息。在工作之余，不要忙于消遣娱乐，应该安排一定的时间，虚心向有经验的技术人员、领导、师傅和同事学习，不断丰富自己的专业知识，提高自己的专业技能，充分了解工作、了解岗位、了解单位，才能更好地适应工作、熟悉岗位，迅速实现角色的转变。

5.善于思考总结，不断完善自己　医学生在实际工作中，要坚持多看一眼、多想一下、多走一步、多做一下，只有勤动眼、勤动脑、勤动手、勤动腿，善于观察问题，才能发现问题，用自身掌握的知识去努力解决问题，才能掌握大量的第一手资料，分析研究职业对象的内部规律，也才能培养自己的独立见解，逐步具备独立开展工作的能力，更快地进入职业角色。勤于观察思考，善于发现问题，不断总结，汲取经验，补充不足，完善自己，是医学生向职业人角色转变的有力保障。

6.融入医院文化，尽快转入职业人角色　医院文化是医院在发展过程中培育形成的医院价值观，对于提高医务工作者的思想道德水平，增强医院的凝聚力起着重要的作用，也是提高医院核心竞争力的重要手段和方法。实践表明，医学生尽早融入医院文化，使个人的行为、风格、思维模式与医院文化相适应，对于自己尽快达到医院的要求和期望，被医院及其他医务工作者认同，成为医院骨干，最大限度地发挥自己的聪明才智和自身价值有重要帮助。而校园文化和医院文化之间存在着较大的差异，这些差异导致医学生不能顺利地完成从学生到医务工作者的角色转变。因此医学生要有意识地寻找校园文化与医院文化的连接点，自觉感受和了解医院文化的实质和要求，潜移默化地规范自己的思想和行为，主动培养顽强拼搏、勇攀高峰的主人翁精神，爱岗敬业、恪尽职守的工作态度，严谨负责、一丝不苟的工作作风，顾全大局、团结协作的工作精神，主动融入医院文化，尽快转入职业人角色。

社会的发展、医学的进步，使医学与社会的联系越来越广泛。医学生必须端正心态，认同职业角色，同时主动扮演好职业角色，缩短社会适应期，实现从学生到职业人的完美转变，成为顺应时代潮流的医学人才。

▤ 拓展阅读

护士岗位工作内容和实习就业建议

张同学是益阳医专护理系学生。通过在学校三年的磨炼和老师的指导，曾获得励志奖学金，担任过学生会副部长，多次被评为三好学生，获得英语口语演讲比赛优胜奖，被评为优秀毕业生。在湘雅附一完成实习，专升本到湘南学院，现就职于娄底市第一人民医院从事护士工作。她为护理毕业生尽快适应护士岗位总结了如下工作内容和实习就业建议。

1.工作内容

（1）准备床位　接到患者住院通知后，病区护士应根据病情安排患者床位，并备好患者所需用物。

（2）迎接新患者　核对住院证及患者信息，进行入科登记。

（3）介绍与指导　向患者及家属介绍医院环境、入院须知及相关制度，病房设备及使用方法，指导常规标本的留取方法、时间及注意事项，使患者能尽快适应环境。

（4）通知医生诊视患者　必要时协助医生进行体格检查。

（5）测量生命体征及体重　需要时测量体重体温，记录并绘制。

（6）建立病历并填写有关表格　在体温单40～42℃之间相应栏内用红笔顶格填写入院时间；填写入院登记本、诊断卡、床尾卡、手腕带等。

（7）执行医嘱　及时准确执行各项治疗措施，准确执行"查对制度"，做好病情观察及记录。

（8）进行入院护理评估　对患者进行健康评估，了解其身心状态和基本需要，在当班完成入院护理评估，急、危、重症患者在24小时内完成，并做出初步的护理计划。

2.实习就业建议　吃得苦中苦，方为人上人。用心对待每一件事，真心对待每个人。给自己确定一个大的梦想，分阶段地完成小目标，一步一个脚印，有技巧性、有效率性、有阶段性地向大梦想迈进。海纳百川，对自己狠些，对别人宽容些，培养强大的内心，相信我能行，我一定能做到。当然在病区实习也能学到很多，比如说静脉输液、肌内注射、皮下注射、留置导尿、留置胃管、血液透析、结肠透析等护理操作，如何做到无痛注射，这中间有很大的学问；口服药与注射药的禁忌证，告知患者如何识别药物，如何检测药物的不良反应及副作用；危重症患者的抢救及事后处置，与患者及其家属沟通的技巧与方法。只要自己足够努力，发展空间就会非常大。

只有努力才会为自己创造更多的平台。越努力才会越幸运！

实践训练

1.医学生的角色定位是什么？如何培养医学生的角色意识？

2.结合自己的实际情况，谈谈如何从医学生转变为医务工作者。

（徐向阳）

参考文献

［1］鲍丙刚，陈艳东，李新春.医学生职业发展与就业指导［M］.上海：第二军医大学出版社，2015.

［2］石静.医学生职业生涯规划与就业指导［M］.北京：人民卫生出版社，2014.

［3］唐闻捷，王占岳.医学类学生职业生涯与就业指南［M］.上海：复旦大学出版社，2013.

［4］湖南省教育厅毕业生就业办公室，湖南省大中专学校学生信息咨询与就业指导中心.大学生职业发展与就业指导［M］.北京：新世界出版社，2008.

［5］李红，方爱珍.医学类专业大学生职业发展与就业指导［M］.北京：高等教育出版社，2008.

［6］王德炎，秦莉红，等.大学生职业发展与就业指导［M］.成都：西南交通大学出版社，2009.

［7］王劲松.医学生职业发展与导航［M］.天津：南开大学出版社，2012.

［8］程良越.大学生职业发展与训练［M］.广州：广东高等教育出版社，2008.

［9］王今朝，郝春禄.大学生职业发展与就业指导［M］.沈阳：辽宁教育出版社，2010.

［10］陈姗姗，吴华宇.大学生职业生涯规划与就业创业指导［M］.北京：中国经济出版社，2012.

［11］阎路平，谢小明，唐伶俐.大学生职业生涯发展规划与就业创业指导［M］.西安：西安交通大学出版社，2014.

［12］王莉，陈岩，吕化周.大学生职业发展与就业能力培养［M］.武汉：武汉理工大学出版社，2013.

［13］张彦军.大学生就业指导与实践［M］.北京：北京工业大学出版社，2011.

［14］王彩霞，刘进.医学生职业发展与就业创业教程［M］.北京：人民卫生出版社，2011.

［15］王群，夏文芳.医学类学生职业生涯与就业指南［M］.上海：复旦大学出版社，2011.

［16］王素林，郝丽琴.高职学生职业生涯规划与就业创业指导［M］.北京：北京师范大学出版社，2012.

［17］梁志雄.医药大学生就业与创业指导［M］.北京：新华出版社，2009.

［18］赵敏.社会转型期医学生职业价值观培育［M］.济南：山东人民出版社，2013.

［19］戴裕葳.高职生职业生涯规划与就业创业指导［M］.北京：高等教育出版社，2011.

［20］王金星，李孝武.高职学生职业发展与就业指导［M］.北京：新华出版社，2009.

［21］高雅.医学生学习方法［M］.北京：科学出版社，2013.